時尚・可愛・慢步樂活旅

維也納・布拉格

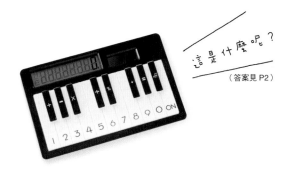

這是什麼呢？

（答案見P2）

Lala Citta 是義大利文的「城市 =La Citta」，
和享受輕快旅行印象綜合而成的用語。
書中匯集了富麗堂皇的宮殿、可近距離欣賞的藝術、
充滿歷史氣息的咖啡廳、可愛的雜貨等…
不可錯過的旅遊時尚新主題
當你在想「今天要做什麼呢」時
就翻翻這本書吧。
歡樂旅遊的各種創意都在書中。

Lala Citta
維也納‧布拉格
Contents

維也納

● 觀光焦點

● 美食

● 購物

● 住宿

● 追加行程

布拉格

● 觀光焦點

● 美食

● 購物

● 住宿

● 追加行程

別冊MAP

可以拆下使用

〔 本書標示 〕

E 有諳英語的員工
E 有英文版菜單
R 有餐廳

交 交通
Ⓤ 地鐵站（維也納）
Ⓜ 地鐵站（布拉格）
Ⓣ 路面電車站
住 地址
H 飯店
☎ 電話號碼
時 開館時間、營業時間
休 公休
金 費用
URL 網站網址

〔 其他注意事項 〕

○本書所刊載的內容及資訊，是基於2014年9～11月時的取材、調查編輯而成。書籍發行後，在費用、營業時間、公休日、菜單等營業內容上可能有所變動，或是因臨時歇業而有無法利用的狀況。此外，包含各種資訊在內的刊載內容，雖然已經極力追求資訊的正確性，但仍建議在出發前以電話等方式做確認、預約。此外，因本書刊載內容而造成的損害賠償責任等，弊公司無法提供保證，請在確認此點之後再行購買。

○地名、建築物名在標示上參考政府觀光局等單位提供的資訊，並盡可能貼近當地語言的發音。

○休息時間基本上僅標示公休日，省略復活節、聖誕節、新年期間、夏季歇業、國定紀念日等節日。

○費用的標示基本上為成人的費用。

〔 本書使用方法 〕

◀◀類型檢索
區分為「觀光焦點」「美食」「購物」「住宿」「追加行程」等5大類型。決定好旅遊目的的話，即可從中選擇符合自己的主題。

小小資訊和小小知識
介紹和該頁面的主題和景點相關的有用資訊以及旅遊的知識。

區域檢索
當有符合頁面內區域的店家和景點時，區域名便會出現標示。當您想到「我現在人在○○，這一帶有些什麼？」時，就可以由這裡反向檢索過去。

維也納&布拉格
區域Profile

維也納和布拉格
地處歐洲大陸的中央區域。
掌握各城市的大略區域，
更有助於行程安排。

維也納 →P18
Wien

綿亙於多瑙河西南岸的維也納，自13世紀末以來
便是哈布斯堡王朝的都城，繁榮一時。位於城市
核心區域的舊城區及周邊一帶，林立著許多保有
昔日風采的古老建築。

維也納Profile

○正式國名 名稱
奧地利共和國 維也納
○人口／面積
約174萬人(2013年)／約414平方公里
○語言 德語
○貨幣與匯率
€1＝約36.88元 (2015年9月時)
貨幣的種類 →P132
○時差 -7小時
※比台灣晚7個小時。
3月最後的週日～10月最後的週日的夏
令時間與台灣的時差是-6小時。

ACCESS ✈ 台灣搭乘直航班機
約13小時
詳情請見→P126

維也納周邊的追加行程

● 薩爾茲堡 →P84
Salzburg

位在維也納以東300公里處。莫
札特的出生地和故居等觀光景
點均集中在舊城區。

ACCESS 由維也納搭乘火車約2小
時30分～3小時 詳情請見→P87

● 瓦豪河谷 →P88
(多瑙河) Wachau(Donau)

多瑙河下游，從梅爾克到克雷
姆斯城總長約36公里的區域。
可乘船欣賞美景。

ACCESS 由維也納搭乘火車約1小
時10分 詳情請見→P89

● 布達佩斯 →P90
Budapest

也可前往匈牙利首都布達佩斯
一日遊。可欣賞橫跨多瑙河兩
岸的鎖鏈橋等景點

ACCESS 由維也納搭乘飛機約50分，
搭乘火車約3小時 詳情請見→P130

世界遺產清單

● 奧地利　　　維也納歷史中心→P18／申布
倫宮殿及花園→P22／薩爾茲堡歷史中心→P84／
瓦豪文化景觀→P88／格拉茲歷史中心與埃根柏格
城堡／塞梅林鐵路／哈爾斯塔特-達赫斯泰因 薩爾
茲卡莫古特的文化景觀　等等

● 捷克　　　布拉格歷史中心→P94／契斯基庫倫
洛夫歷史中心→P122／庫特納霍拉：歷史城區及聖
芭芭拉教堂和塞德萊茨的聖母大教堂／泰爾奇歷史
中心／奧洛莫烏茨的三位一體聖柱／特熱比奇的猶
太社區和聖普羅科皮烏斯大教堂　等等

布拉格 →P94
Praha

貫穿城市中心的伏爾塔瓦河左岸，矗立著波希米亞王國的皇城——布拉格城堡；河的右岸則是舊城區和新城區、猶太區。由於教堂等建有尖塔的建築很多，又有「千塔之城」的美譽。

布拉格Profile

○正式國名 名稱
捷克共和國 布拉格
○人口／面積
約124萬人（2013年）／約496平方公里
○語言　捷克語
○貨幣與匯率
€1 = 27Kč（2015年9月時）
貨幣的種類→P132
○時差　-7小時
※比台灣晚7個小時。
3月最後的週日～10月最後的週日的夏令時間與台灣的時差是-6小時。

ACCESS　台灣搭乘中轉班機
約19小時～　詳情請見→P126

- -
布拉格周邊的追加行程
- -

●契斯基庫倫洛夫 →P122
Český Krumlov

紅瓦屋頂與白牆房屋並排林立，被譽為捷克最美的風景，並已登錄為世界文化遺產。城內有13世紀興建的契斯基庫倫洛夫城堡等多處景點。

ACCESS　由布拉格搭乘直達巴士約3小時　詳情請見→P125

維也納・布拉格玩家強力推薦

旅行
Key Word

傳統咖啡廳、華麗的宮殿、可愛的生活用品等
維也納和布拉格充滿旅遊玩家喜愛的元素。
以下介紹多位玩家推薦給大家的
維也納・布拉格重要旅行關鍵字。

Wien
Key Word 1

建立一大帝國的
哈布斯堡家族
奢華宮廷文化

→P22、26、30

推薦人
維也納在地導遊　武田倫子女士

哈布斯堡王朝統治中歐長達645年歲月。在維也納有眾多講述該王朝皇室歷史的觀光景點。要了解哈布斯堡家族，最重要的景點就是美泉宮，可以親身感受王朝的勢力和皇帝一家的日常生活。如在環城大道內，不妨前往皇宮寶物陳列館。歐洲的皇室都有各自不同的皇冠，但只有這間寶物陳列館展出神聖羅馬帝國的皇冠。透過金碧輝煌的瑰寶，仔細品味歷史的氣息和力量。

PROFILE
Takeda Noriko　現居維也納的奧地利國家證照導遊。曾負責執筆並協助編輯《哈布斯堡家族 美麗的遺產之旅 修訂版》（世界文化社）等，並從事維也納相關主題的取材及寫作。

1.奧地利帝國的皇冠與王權寶球。展示於皇宮寶物陳列館（→P27）　2.小名茜茜的伊莉莎白皇后　3.4.名列世界遺產的美泉宮（→P22）。上圖是宮殿內的「藍色中國沙龍」　5.神聖羅馬帝國的皇冠　6.不要錯過舊皇宮內的宮廷銀器收藏（→P28）　7.神聖羅馬帝國時代受洗儀式用的水壺（皇宮寶物陳列館）

寶石
閃閃發光

Wien Key Word 2

融入日常生活並廣受喜愛

承襲悠久歷史 傳統咖啡廳

→P54、56

推薦人

攝影師 田部井朋見先生

許多維也納人會在咖啡廳點一杯咖啡就坐上一個下午,且把咖啡廳當作第二個家,稱之為「咖啡館Kaffeehäuse」。菜單上光是咖啡就有將近20種選擇,包括不同牛奶比例及含酒精的咖啡等。咖啡廳除了販售自製蛋糕,有些早上8時左右就開門的店家還會供應早餐套餐。附帶一提,在這裡沒有叫做「維也納咖啡」的選項,類似的咖啡有艾斯班拿咖啡、米朗琪咖啡,不妨一試。

1.Café Central特色是優美的圓弧形天花板(→P56) 2.Café Sperl提供數十種報紙與雜誌(→P56) 3.有些店依然保留放在銀盤上出餐的傳統。無限量供應引自阿爾卑斯山的美味飲用水 4.說到維也納的代表性甜點就非薩赫蛋糕莫屬了(→P54) 5.提供從輕食到道地的維也納佳餚 6.早上8時就開始營業,也提供早餐套餐等。照片為Café Dommayer(→P71)

PROFILE

Tabei Tomomi 2007年出版《維也納的咖啡館》(東京書局)一書。走遍維也納大街小巷,從大眾角度進行取材。冬季則是職業滑雪教練,也負責帶前往奧地利的滑雪團。

4   5   6

初學者也能輕鬆享受♪

音樂之都的感動體驗

→P40、42、44

Wien Key Word 3

1.想品味奢華的高級氛圍就到維也納國家歌劇院(→P40)
2.若想觀賞活潑、節奏輕快的舞蹈表演就到維也納人民歌劇院(→P41)
3.在國內也享有高知名度的維也納少年合唱團(→P42)

推薦人

京都大學教授 岡田曉生先生

觀賞歌劇時也請連觀眾席在內的「氣氛」一起感受。雖說有些人認為觀劇一定要穿著正式服裝,但穿得太過正式反而顯得格格不入。只要座位不是S席等的特等席,服裝只要整齊得體即可。若不知道該看哪一齣劇目,建議可前往克爾特納大街上的唱片行EMI(別冊MAP/P8B4)2樓的售票處,該店的負責人對劇目十分熟悉,可為您推薦適合的公演劇目。

PROFILE

Okada Akeo 研究19世紀為中心的西洋音樂史。京都大學人文科學研究所教授。著書有《歌劇的命運》(中公新書)、《西洋音樂史》(中公新書)、《音樂之都維也納的光與影》(小學館)等。

Key Word 4

整座城市都是美術館
新藝術風格
→P34、39、100

推薦人
東京車站藝廊館長
冨田章先生

只有在維也納，才能一次性地欣賞多幅克
林姆的主要作品。尤其是『吻』一畫，不
僅是克林姆的代表作，更是象徵新藝術派
的畫作。欣賞克林姆作品特有的裝飾性之
餘，也請好好感受其露骨的情欲表現。布
拉格則是慕夏度過人生最後歲月的城市，
除了必訪的慕夏美術館之外，也別錯過聖
維塔大教堂的彩繪玻璃。維也納和布拉格
都是古老的城市，請盡情欣賞洋溢著歷史
氣息的建築和街區。

PROFILE
Tomita Akira　曾任職財於團法人SOGO美術館、三
得利美術館，現為東京車站藝廊館長。曾為展覽
《慕夏展》撰寫解說，並翻譯《克林姆》（西村書
店）一書。

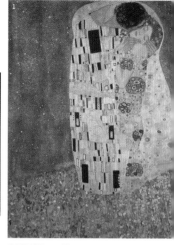

1.克林姆的『吻』（→P35）
2.聖維塔大教堂（→P101）
的彩繪玻璃　3.一定要看看位
於維也納博物館區（→P38）
的利奧波德博物館收藏的埃貢·
席勒畫作　4.慕夏美術館（→
P100）的原創商品

保留完整的中世紀街道
美麗的迷宮散步
→P96、98、102

Key Word 5

1.布拉格城堡（→P96）下是美麗的街景　2.小城區（→P95）內中世
紀的貴族宅邸櫛比鱗次　3.鑽進小巷中探險樂趣無窮　4.15世紀打造
的舊市政廳（→P99）天文鐘

推薦人
旅遊作家、格林童話專家
沖島博美女士

世人讚頌為「歐洲建築博物館」的布拉
格，有別於歐洲其他城市，在二次的世界
大戰中幾乎不曾遭受波及，因此能奇蹟似
地保存14世紀時期的中世紀建築。此
外，夾雜在中世紀的城區裡、19世紀末
興建的新藝術風格建築也是布拉格的一大
特色。在街頭漫步時也別忘記拐進巷弄，
逛逛小型雜貨商家，樂趣無窮。

PROFILE
Okishima Hiromi　以捷克等德語圈為中心取材、寫
作，並擔任大學及文化課程的講師。著作包括《布
拉格歷史漫步》、《捷克歷史漫步》（日經BP企
劃）等。

Praha Key Word 6

對上眼就是命運的相遇

可愛的捷克雜貨

→P97、116

推薦人

插畫家 菅澤佳代女士

在捷克有許多使用木材、布、陶器等材質，風格純樸的雜貨。大多都是色澤亮麗、溫馨可愛的雜貨，甚至是兒童用的日用品都相當迷人。若想尋找各種雜貨，則推薦到布拉格城堡內的黃金巷（→P97）走走。我非常喜歡在那裡買到的工匠手工陶杯。此外，若在街上看見寫有「ANTIK」和「BAZAR」等的招牌，不妨進去看看。也許能找到骨董卡片、木頭人偶等寶貝！

PROFILE

Sugesawa Kayo 熱愛歐洲旅行的插畫家。插畫散文創作有《來去捷克吧！》（河出書房新社）、《保加利亞Book》（鑽石社）等。

1.在黃金巷上發現的彩色陶器。上頭的圖案是捷克工匠手工繪製。 2.著波希米亞服裝的男孩與女孩調味料罐（→P116） 3.古董風格的油醋瓶 4.Kolos Alchemist（→P97）的書籤 5.可愛的花刺繡緞帶（→P117） 6.哈維爾市集（→P117）的名產胡桃鉗

從早到晚隨時都可暢飲！

金黃色的皮爾森啤酒

→P108

Praha Key Word 7

推薦人

攝影撰稿人、專欄作家

鈴木海花女士

捷克人從早餐就開始喝啤酒，更不用說午餐和晚餐，因此可以理解為何捷克的每人平均啤酒飲用量是世界第一。若是一群女生同行則推薦中午前往。在時尚的咖啡廳及天氣晴朗的露天座位，嘗到的啤酒又別有一番風味。1杯約40元的便宜價位也是賣點之一。品嘗各種不同品牌的啤酒，並搜集標籤和杯墊，也是一種樂趣。

1.啤酒在捷克語稱為Pivo 2.有些啤酒屋（‧P108）在晚餐時段有音樂演奏 3.招牌匈牙利燉肉與啤酒是絕配 4.別錯過原創商品（→P109） 5.不同品牌啤酒搭配不同設計的杯墊

PROFILE

Suzuki Kaika 發行多本旅行及大自然相關書籍。著作《捷克的A到Z》（Blues Interactions）因「收錄許多之前沒發現的捷克魅力」廣受捷克人好評，在當地也有販售。

知道賺到
旅行
Happy Advice

從伴手禮的挑選到遊覽城市的秘訣，以下介紹在地玩家及本書編輯部蒐集的維也納和布拉格實用資訊。許多行前小知識在這裡通通告訴你！

Advice 1 根據旅行天數與目的 聰明活用旅遊卡

布拉格卡（→別冊P26）可在舊城廣場上的旅客服務中心購買

維也納卡（→別冊P14）可在主要的飯店及地鐵站購買，說明手冊內會列出合作景點

維也納卡（€21.90）包括可72小時自由搭乘各交通工具，及美術館、合作餐廳、商店等平均折價€1或九折的優惠（也有48小時€18.90方案）。在布拉格，則有可免費參觀，或以優惠價參觀布拉格城堡等50多處觀光景點的布拉格卡（2日1280Kč，3日1540Kč，4日1780Kč），推薦給想好好遊覽美術館及博物館的人。（編輯部）

咖啡廳往往也是 熱門餐廳 Advice 2

維也納有許多提供早餐及午間套餐的咖啡館。有些店家會營業至深夜，可當作小酌的酒吧。布拉格許多咖啡廳也是早上7時30分就開始營業。即使未下榻「Café Imperial」（→P111）附設的飯店，也可在該店享用早餐。不妨在此輕鬆品嘗展現米其林星級主廚手藝的佳餚。

1.高級餐廳也提供十分划算的早餐和午餐
2.許多維也納咖啡館為全年無休

Advice 3 可在超市一次買齊 送同事與朋友的伴手禮

1.包裝十分可愛的巧克力 2.可將捷克風味帶回家的調味料
3.康寶濃湯種類豐富

超級市場就是購買分送用伴手禮的寶庫。在維也納，除了Billa和Spar（→P79）等一般的平價超市，也有如Julius Meinl（→P78）的高級超市，試著比較兩邊也很有趣。布拉格則推薦My和位在地鐵Můstek站等處的Billa超市。
（攝影師／田尻裕子）

Advice 4

出發觀光前
記得確認星期幾！

許多維也納、布拉格的博物館及美術館都是週一休館，商店多在週日及假日公休，在排程時要特別留意。此外，維也納與布拉格兩地的跳蚤市場大多舉辦在週六、日或週六一天，去之前別忘了確認日期（編輯部）。

跳蚤市場人多混雜要小心扒手

漫步舊城區時
記得穿雙好走的鞋

Advice 5

維也納與布拉格的舊城區有許多石板路，會讓人實際感受到「這正是歐洲街道！」，不過很容易走到腳疼，因此逛街時請避免穿著高跟鞋，運動鞋等厚底好走的鞋是必需品。（旅遊作家、格林童話專家／沖島博美→P8）

如畫般的石板路，但對腳的負擔相當大！

Advice 6

如夢似幻的夜間燈光
夜景景點

在維也納，國家歌劇院及聖史蒂芬大教堂夜間會打光，布拉格則在布拉格城堡及舊城廣場等地點上燈光。千萬別錯過從查理大橋畔遠眺布拉格城堡的夜景。也很推薦從舊市政廳高塔上看見的舊城區夜景。（攝影師／田中健作）

查理大橋上遠望的布拉格城堡夜景

可輕鬆品嘗的
攤販十分受歡迎

Advice 7

可輕鬆大口品嘗的攤販，在維也納及布拉格都十分受歡迎。維也納環城大道內的香腸攤十分有名，環城大道周邊則有亞洲風味的麵攤及土耳其烤肉串、披薩等。布拉格的舊城廣場及瓦茨拉夫廣場等地則有炭燒火腿及圓筒狀傳統點心肉桂捲的攤販，時常大排長龍。（作家／木村秋子）

肉桂捲一個50Kč。脆脆的十分美味

行前Check！

維也納、布拉格
觀光計劃
Q&A

Q. 周遊所需天數？

- - - - - - - - - - - - - - - -

**A. 來回3日＋
各都市1～2日**

去程一日（台北子夜出發～當地清晨抵達），回程2日（當地中午出發，日期加一天隔日清晨抵達台北）。維也納2日，布拉格1日。若要加上近郊景點一日遊行程則再加1日。

**Q. 台灣出發往維也納、
布拉格的交通方式？**

- - - - - - - - - - - - - - - -

**A. 維也納有直航班機
布拉格則需轉機**

由桃園國際機場直飛維也納的航班為每週3班，需時約13小時。由於沒有直飛布拉格的班機，請由維也納、德國的法蘭克福、荷蘭的阿姆斯特丹等歐洲境內城市轉機。維也納～布拉格之間的交通請見→P130

Q. 最佳旅遊季節？

- - - - - - - - - - - - - - - -

A. 兩地皆為5～9月

春季到秋季間的5～9月最為合適。雖說8月有時會超過30度，但濕氣沒那麼重，比國內舒適。

Q. 需準備的貨幣？

- - - - - - - - - - - - - - - -

**A. 維也納為€（歐元）
布拉格為Kč（克朗）**

歐元、克朗皆可在當地機場兌換，未在國內事先換匯也不要緊。此外，2種貨幣都可在當地的匯兌處與銀行等處兌換。詳情請見→P132。

7天5夜的標準行程

從世界遺產、藝術、美食到購物，維也納與布拉格真是魅力無窮的城市。這裡介紹可120%暢遊2都市的7天5夜標準行程。歡迎靈活運用and more…行程備案。

Day1　第一天在環城大道內散步＆知名晚餐

✈台灣出發的直航班機

台灣直飛維也納的班機會在清晨6時15分左右抵達。請先確認下欄的地圖，再選擇由機場往市中心的交通方式吧（→P128）。※行程的時間係以日本班機抵達時間為準。

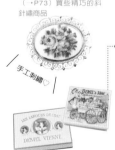

比盤子還大的大份量

● 16:30左右
抵達維也納國際機場

🚕 搭計程車約30分

17:30
入住環城大道的飯店

♪♪ 步行15分

● 18:00
遊逛維也納國家歌劇院等環城大道內景點後去吃晚餐
推薦▶ and more…行程備案（→P61）

♪♪ 步行5分

21:00
在咖啡廳小憩片刻後回飯店
推薦▶ Café Hawelka（→P57）

Wien

華麗！

1.華麗壯觀的維也納國家歌劇院　2.以超特大炸肉排聞名的「Figlmüller」總是大排長龍　3.老字號咖啡廳「Café Hawelka」的知名蒸麵包 "布夫特爾" 20時起販售

Day2　經典觀光＆購物行程

在「Maria Stransky」（→P73）買些精巧的斜針繡商品

手工刺繡♡

伴手禮的包裝都好可愛！

● 9:30
參觀霍夫堡（皇宮）內部（→P26）

♪♪ 步行2分

12:00
在「Demel」（→P55）簡單享用午餐

♪♪ 步行5分

12:45
參觀聖史蒂芬大教堂（→P33）

♪♪ 步行即到

1.霍夫堡（皇宮）內的餐廳
2.皇帝一家生活的霍夫堡（皇宮）
3.別名 "史蒂芬" 的聖史蒂芬大教堂

城市的地標！

當做伴手禮！

「施華洛世奇」的可愛
鑰匙圈

薩赫蛋糕是必嘗甜點

● 13:45
在格拉本大街與
克爾特納大街一帶（→P74）
逛街購物
推薦 ▶ 施華洛世奇（→P74）

 步行5分

● 15:00
在Café Sacher（→P54）
小憩片刻

🚃 搭路面電車15分

16:00
前往貝維德雷宮（→P34）

🚃 搭路面電車15分

18:00
在酒窖餐廳享用晚餐
推薦 ▶
Zwölf Apostelkeller（→P64）

 步行10分

20:00
回飯店

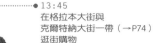

1.可盡情享受漫步
樂趣的格拉本大街
2.克爾特納大街的
知名藥妝店「BIPA」
3.在貝維德雷宮可
欣賞克林姆等新藝
術派畫作

〔and more…
行程備案〕
如果對新藝術派建築
（→P46）有興趣，
不妨前往分離派的活
動據點──分離派會
館，以及卡爾廣場地
鐵站

份量超多！

位於地下的寬敞
酒窖餐廳「Zwölf
Apostelkeller」

🐟 Day3　前往世界遺產的宮殿＆維也納森林

搭乘行駛於庭園內的小火
車輕鬆遊逛！

好像很好吃～

奧地利最古老的餐館

8:30
參觀美泉宮 （→P22）
與馬車博物館（→P23）

🚃 搭小火車25分

10:30
在凱旋門的咖啡廳（→P23）
小憩片刻

 步行20分

11:30
庭園散步

🚃 搭地鐵10分

● 13:00
在環城大道內的餐館享用午餐
推薦 ▶
Griechenbeisl（→P62）

 步行9分

1.美泉宮為哈布斯堡
王朝繁盛的象徵
2.宮殿境內的大溫室
庭園的花朵十分美麗！

五彩繽紛
真漂亮～

**［and more…
行程備案］**
若想在市中心吃午餐，則建議維也納博物館區內的餐廳。「Halle」、「Café Corbaci」等餐廳時尚又舒適。也推薦來趟藝術鑑賞（→P38）。

14:30
城市公園（→P52）散步

 搭地鐵和巴士35分

15:45
前往維也納森林、
卡倫山（→P48）

搭巴士15分

17:15
海利根施塔特遺書之屋和
貝多芬小徑

 步行10分

19:00
在小酒館享用晚餐
推薦 ▶
Weingut Werner Welser（→P49）

搭巴士和地鐵45分

21:00
回飯店

選擇自己
想要的份量！

菜餚以重量計價，可嘗到
多種不同菜色

1.金色的小約翰·史特勞斯像是城市公園的地標
2.可將維也納市區盡收眼底的卡倫山　3.激發出名曲的貝多芬小徑　4.在「Weingut Werner Welser」大啖店家自釀的葡萄酒與佳餚

揣摩貝多芬
的心境散步

·Day4 漫步於千塔之城 布拉格

9:50左右
維也納國際機場出發

搭飛機約1小時

10:45
抵達布拉格
先去飯店辦理入住

搭路面電車20分

12:00
布拉格城堡（→P96）觀光

步行30分

14:30
在時尚的咖啡廳享用午餐
推薦 ▶ Café Louvre（→P110）

步行5分

15:30
在舊城區尋找伴手禮
＆登上舊市政廳（→P99）高塔

步行10分

路面電車
好方便！

前往布拉格城堡搭乘22路
路面電車最方便

「Menufaktura」
（·P116）的復活節彩蛋

Praha

令人懾服的
醒目外觀！

1.城裡格外宏偉壯麗的聖維塔大教堂（·P97）
2.一定不能錯過名為「玫瑰窗」的彩繪玻璃
3.在舊市政廳高塔可以一覽布拉格市區與布拉格城堡

原創商品好兵帥克人偶

17:30
走訪新城區的美術館＆商店
推薦▶ Miss Jioux（→P103）

步行15分

太美了！

19:30
用捷克啤酒乾杯！
推薦▶ Hostinec U Kalicha（→P108）

步行15分

21:00
享受伏爾塔瓦河畔夜景散步

步行15分

23:00
抵達飯店

[and more…
行程備案]
如果有時間可去聽教堂音樂會。在莊嚴的氣氛中聆聽古典樂特別令人感動。舊城區及新城區等區域的教堂大多在傍晚舉行。

1.一定要去慕夏美術館（→P100）　2.份量十足的烤豬膝。與啤酒是絕配　3.沿著河畔欣賞美景後，不妨登上查理大橋的高塔吧

Day5　契斯基庫倫洛夫一日遊

7:00
早起出發

搭巴士3小時

10:45
抵達契斯基庫倫洛夫
立刻前往城堡（→P122）

步行5分

在街上發現的玩具店可愛招牌

12:00
在河畔咖啡廳
「Laibon」（→P124）享用午餐

步行3分

13:30
返回廣場散步＆購物
推薦▶ Roseta（→P125）

步行3分

找到迷你契斯基庫倫洛夫城堡！

15:30
前往席勒藝術中心
（→P124）

步行5分

1.契斯基庫倫洛夫城堡的對岸磚紅色屋頂住宅櫛比鱗次　2.將色彩繽紛街道妝點得更亮眼的花朵　3.「Muzeum Loutek」（→P125）二樓為懸絲木偶展示室

釀酒廠直送！

17:30
在啤酒餐廳提早吃晚餐
推薦▶ RestauraceEggenberg（→P124）

步行10分

19:00
返回布拉格

搭巴士3小時

22:30
抵達飯店

品嘗當地啤酒
「Eggenberg」

南波西米亞的名菜！

「Eggenberg」的烤鱒魚

Day6　最後一天就在飯店周邊與機場

捷克菜的調味包

可在機場的入境大廳超市將所有食品一次買齊

● 7：30
在老字號咖啡廳吃早餐
推薦 ▶
Kavárna Obecní Dům
（→P101）

↓ 🚶 步行5分

8：40
回飯店退房

↓ 🚕 搭計程車40分

9：20
抵達布拉格瓦茨拉夫・哈維爾國際機場。完成登機手續後，開始返國前最後的購物

✈ 機場利用
小訣竅
記得要在飛機起飛前2小時抵達機場。別忘了先把克朗換成歐元。奧地利為申根公約國，退稅及出境檢查要在維也納辦理。

↓

11：20左右
出發前往維也納

↓ ✈ 搭飛機1小時

● 13：30左右
在維也納國際機場轉機返國

1.2.採新藝術風格裝潢的「Kavárna Obecní Dům」。加入大量蔬菜的三明治最適合當早餐　3.捷克品牌的零食，在標價旁會有國旗標誌，可當作找伴手禮的標記 4.布拉格機場2樓有咖啡廳和商店

度過
優雅片刻☆

Day7　抵達台灣

歡迎回來

Arrival

抵達桃園國際機場

行程模擬就此告一段落。請參考行程備案，規劃自己專屬的行程吧！決定好行程就出發吧！

旅途中發現的回憶寶物 ♥

編輯親自走訪列出的景點！

色彩豐富的單面三明治
在「Demel」（→P55）。除了甜食，也提供多種餐點。店內洋溢古典氣息，十分舒適。

鍊墜的世界
「Thomas Sabo」（→P75）的鍊墜每個都好可愛，讓人好猶豫。

可輕鬆享用☆

每個都好想要！

如畫般的風景
從舊市政廳高塔（→P99）拍攝布拉格城堡，連同柱子有畫框般的效果。

維也納

華麗的宮廷文化蓬勃發展，

天才音樂家們雲集、中歐文化的中心。

為您介紹這座至今仍散發耀眼光芒的城市

絕對不容錯過的精彩景點！

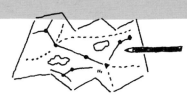

維也納
區域Navi

位於多瑙河右岸的維也納，
以環城大道內的舊城區為中心向外發展。
可將城市分為環城大道內側、
環城大道周邊、以及外側的郊區等，
較容易理解地理位置。

0　5km

維也納森林
⑧

⑥
美泉宮

維也納
中央公墓
⑨

維也納國際機場 ✈

環城大道是？

環繞舊城區的大道

在全長5.3公里的城牆遺址
上建造的環狀道路。1857
年起由奧皇法蘭茲·約瑟夫
一世下令興建，環城大道沿
路也陸續建起國家歌劇院及
豪華的宮殿建築。1865年
啟用軌道馬車，32年後路面
電車通車。

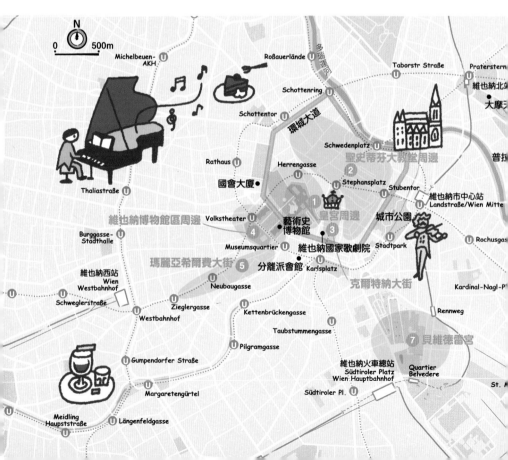

N

0　500m

Michelbeuen-AKH

Roßauerlände

多瑙運河

Taborstr Straße

Praterstern

維也納北車

大摩天

Schottenring

Schottentor

環城大道

Schwedenplatz

聖史蒂芬大教堂周邊

普拉

Rathaus

Herrengasse

②

國會大廈

Stephansplatz

Stubentor

維也納市中心站
Landstraße/Wien Mitte

Thaliastraße

Volkstheater

藝術史
博物館

皇宮周邊

③

城市公園

Rochusgas

維也納博物館區周邊

Burggasse-
Stadthalle

④

Museumsquartier

維也納國家歌劇院

Stadtpark

瑪麗亞希爾費大街

⑤

分離派會館

Karlsplatz

克爾特納大街

Kardinal-Nagl-P

維也納西站
Wien
Westbahnhof

Neubaugasse

Schweglerstraße

Zieglergasse

Westbahnhof

Kettenbrückengasse

Rennweg

Taubstummengasse

⑦

貝維德雷宮

Pilgramgasse

Gumpendorfer Straße

維也納火車總站
Südtiroler Platz
Wien Hauptbahnhof

Quartier
Belvedere

St. M

Margaretengürtel

Südtiroler Pl.

Meidling
Hauptstraße

Längenfeldgasse

1 皇宮周邊 →P26
環城大道內
Hofburg/別冊MAP●P8

高級店家林立

哈布斯堡王朝歷代皇帝的宮苑——霍夫堡（皇宮），是舊城區最主要的景點。通往皇宮聖米歇爾門的柯爾市場街兩旁林立著高級名牌店。

最近車站　交⑪3號線Herrengasse站

2 聖史蒂芬大教堂周邊 →P32
環城大道內
Stephansdom/別冊MAP●P8-9

遊逛舊城區的據點

矗立在舊城區中心的聖史蒂芬大教堂，是維也納最具代表性的大教堂。位在克爾特納大街與格拉本街的交會處，也是漫步舊城區的據點。

最近車站　交⑪1、3號線Stephansplatz站

3 克爾特納大街 →P74
環城大道內
Kärntner Str./別冊MAP●P8

舊城區最繁華的地區

連接聖史蒂芬大教堂、維也納國家歌劇院、環城大道的行人徒步區。兩旁老字號高級商店到藥妝店應有盡有，從早到晚人潮絡繹不絕，十分熱鬧。

最近車站　交⑪1、3號線Stephansplatz站等

4 維也納博物館區周邊 →P38
環城大道周邊
Museums Quartier Wien/別冊MAP●P13

近距離欣賞藝術

維也納博物館區集結多座美術館，是歐洲最大規模的藝術設施。該區後方有著保留古樸街區風貌的施皮特貝格徒步區Spittelberg。

最近車站　交⑪2號線Museumsquartier站等

5 瑪麗亞希爾費大街 →P76
環城大道周邊
Mariahilfer Str./別冊MAP●P6、13

一窺維也納的日常生活

連接維也納博物館區與維也納西站，全長約1.8公里的街道。兩旁有百貨公司、大型雜貨店、書店等，是當地人常去的購物街。

最近車站　交⑪2號線Museumsquartier站等

6 美泉宮 →P22
郊區
Schloß Schönbrunn/別冊MAP●P4

哈布斯堡家族的避暑離宮

1770年代落成，皇帝一家的宮殿。除了欣賞沙龍和大廳等富麗堂皇的宮殿內部空間，也別錯過有動物園、大型溫室、觀景台等景點的廣闊花園。

最近車站　交⑪4號線Schönbrunn站等

7 貝維德雷宮周邊 →P34
郊區
Schloss Belvedere/別冊MAP●P7

在義大利文中意為「美麗德致」的貝維德雷宮，是1700年代初期歐根親王興建的夏季離宮。上宮是展出「吻」、「茱蒂斯」等克林姆代表畫作，以及席勒名畫的美術館。

最近車站　交⑪D號線Schloss Belvedere站

8 維也納森林（海利根施塔特）→P48
郊區
Wienerwald/別冊MAP●P4

座落於維也納東北方，歷史悠久的酒館區之一。北邊的海利根施塔特有條「貝多芬小徑」，貝多分正是在這裡創作出第6號交響曲『田園』。

最近車站　交⑪4號線Heiligenstadt站等

9 維也納中央公墓 →P45
郊區
Zentralfriedhof/別冊MAP●P5

墓園距市中心搭乘路面電車約30分左右，曾是電影『黑獄亡魂』最後一幕的外景地。其中的名譽區32A是貝多芬和舒伯特、約翰．史特勞斯父子的長眠之處。

最近車站　交⑪71號線Zentralfriedhof 2. Tor

搭乘路面電車繞行環城大道1圈

圍繞舊城區的環狀道路——環城大道上有路面電車行駛。
觀光勝地附近設有停靠站，也能透過車窗欣賞美麗風景，十分推薦搭乘看看！

推薦路線

\ Start！/

1 維也納國家歌劇院

🚋 搭乘 **T** 1號（往Prater Hauptallee）
4分

2 國會大廈

🚶 只隔1站步行也OK

3 城堡劇院

🚋 搭乘 **T** 1號（往Prater Hauptallee）
8分

4 安卡時鐘

🚋 搭乘 **T** 2號（往Ottakringer Str./
Erdbrustgasse）3分

5 應用美術館

🚶 步行1分

6 城市公園

🚋 搭乘 **T** 2號（往Ottakringer Str./
Erdbrustgasse）5分

\ Goal！/

維也納國家歌劇院

T Kärntner Ring/Oper即到

1 維也納國家歌劇院
Staatsoper / 別冊MAP●P10B1

位於舊城區主要幹道——克爾特納大街與環城大道交叉口的新文藝復興風格建築。在皇帝法蘭茲・約瑟夫一世建造環城大道後花費8年歲月興建，於1869年完成。
DATA→P40

路面電車站就在正前方

T Stadiongasse/Parlament下車步行即到

2 國會大廈

Parlament / 別冊MAP●P12A2

建築師特奧費爾漢森設計的古希臘神殿風格建築。在第二次世界大戰下大半建築遭轟炸毀，於1956年重建。現今議會仍在此開議。
DATA→P51

內部提供導覽參觀行程

路面電車How to

● 關於路線

維也納市區共有29條路線，行駛於環城大道上的有D、1、2、71號線。由於沒有繞行一周的路線，必須多換車。搭乘方法請參考別冊P16。

環城大道內的轉車停靠站

※順時針方向

1號 Kärntner Ring/Oper～
Julius-Raab-Pl.

2號 Schwedenpl.～
Stadiongasse/Parlament

D・71號 Schwarzenbergplaz～Börse

 國家歌劇院前稱作「Opernpassage」的地下街內，除了商家和餐廳以外，還有名為「Opera Toilet Vienna」的公廁，會播放象徵國家歌劇院的華爾滋。使用費€0.70。

🚋 Rathausplatz,Burgtheater下車即到

3 城堡劇院
Burgtheater / 別冊MAP●P12B2

在法國巴洛克風格的建築內部有克林姆與友人法蘭茲・麥希共同創作的穹頂畫，可在導覽行程中參觀。
DATA→P50

因轟炸燒毀後，於1955年重建

🚋 Stubentor或🚋 Weihburggasse下車即到

6 城市公園
Stadtpark / 別冊MAP●P9D4

興建環城大道時建造的庭園。園內南面有被譽為「華爾茲之王」的金色小約翰史特勞斯雕像，是熱門的紀念照拍攝景點。
DATA→P52

金光閃閃的小約翰史特勞斯像

🚋 Schwedenpl.下車步行3分

4 安卡時鐘
Ankeruhr / 別冊MAP●P9C1

每天正午時，瑪麗亞・特蕾莎、歐根親王、海頓等偉人人像會現身報時，是青年風格的機關鐘。人像頭上的羅馬數字為小時，上方的計時盤標示分鐘。
DATA→P47

照片中的時間為14時35分

🚋 Stubentor 下車步行1分

5 應用美術館
Österr. Museum für angewandte Kunst / 別冊MAP●P9D3

展出中世紀到現代的家具、陶瓷器、銀工藝品。參觀重點是維也納工坊的約瑟夫・霍夫曼設計的銀器，以及克林姆以金箔創作的9張壁畫草稿。
DATA→P52

參觀至少需時1小時

● 車票與行駛時間

車票為地鐵、市區電車、市區巴士共通，搭乘1次€2.20，24小時車票€7.60（詳情請見→別冊P14）。5~24時，每隔5~10分行駛1班。

● 觀光路面電車

維也納環城電車Vienna Ring Tram，是以觀光客為主要客層、周遊環城大道的路面電車。車內透過液晶螢幕介紹各景點，並附英語語音導覽。乘車的停靠站是Schwedenpl.。需時約25分，途中不得上下車。

DATA 10時~17時30分（7、8月~19時）每30分1班 休無
金1次€8

莫札特向瑪麗安東尼公主求婚♪

世界遺產的亮點
美泉宮

美泉宮可說是統治歐洲長達645年的哈布斯堡王朝榮華的象徵。
占地十分廣大，若想全部參觀要花上半天。

5月～10月中旬可欣賞五顏六色的花卉

 花園
Schloßpark Schönbrunn

總面積約1.7平方公里，廣闊的巴洛克式庭園。境內有幾何形狀的花圃和湧泉──美泉宮一名的由來「Schöner Brunnen（美泉）」、林蔭大道、雕像等。建於1696～1770年。

DATA　交宮殿步行即到　時6時30分～20時（視季節而異）　休無　金免費入園

郊區　別冊 MAP P4A4　奧地利女皇瑪麗亞‧特蕾莎決定的外牆顏色被稱為"特蕾莎黃"

美泉宮（申布倫宮）
Schloß Schönbrunn

傳承至今的奢華宮廷文化

在皇帝利奧波德一世「建造媲美法國凡爾賽宮的宮殿」命令下，於1696年動工。雖然工程曾一時中斷，在18世紀中葉的瑪麗亞‧特蕾莎統治時期，進行大幅地改建後，終於完成這座壯觀的夏宮。建築風格結合巴洛克與洛可可風格，並有四季花朵爭妍鬥豔的花園。1996年登錄為聯合國教科文組織的世界遺產。

DATA
交Ⓤ4號線Schönbrunn站步行5分
住Schönbrunner Schloss Str.　☎01-81113239　時8時30分～17時30分（7、8月為～18時30分、11～3月為～17時，最終入場至閉館前30分）　休無
金Imperial Tour（26間）€12.90、Grand Tour（40間）€15.90

Check

門票種類

可選擇參觀對外開放的40個房間中26間的「Imperial Tour」，或是全數參觀的「Grand Tour」。雖說是導覽行程，兩種都提供中文語音解說。此外，只能在門票上指定的時段參觀。

優惠套票

結合美泉宮Grand Tour和舊皇宮、宮廷家具博物館的茜茜套票（金€28，一年內有效）十分方便。旺季時不需排隊，即可進入原需等候1小時以上的宮殿。

參觀路線

首先參觀宮殿內部。由於總是人潮眾多，建議早點前往參觀。之後前往後花園。由宮殿步行至高地上的凱旋門約20分，也可利用繞行園內的小火車。若時間充裕，也可以參觀馬車博物館等。

22

 小小資訊　還有結合美泉宮（Grand Tour）、凱旋門觀景台、動物園、大溫室、馬車博物館等9項設施門票的優惠套票Gold Pass（金€49、1年內有效）。

宮殿腹地內

位在宮殿南側的花園內座落著動物園等景點。可以享受優雅的散步時光。

在觀景台看見的美景

B 凱旋門
Gloriette

為慶祝戰勝普魯士，於1775年建造的列柱迴廊紀念碑。登上螺旋階梯後，有可一覽庭園及維也納市區的觀景台。內部為咖啡廳，除了提供蛋糕與咖啡外，週六、日還供應歐式自助餐€32。

DATA 交宮殿步行20分 觀景台：時9～18時（7、8月為～19時、10月下旬～11月上旬為～16時）休11月上旬～3月中旬 金€3.50 咖啡廳：☎01-8791311 時9時～日落（5～8月為～20時）休無 EE

凱旋門中央頂端安置著象徵帝國的老鷹

加入卡士達醬的凱旋門蛋糕與熱巧克力各€4.60

咖啡廳天花板挑高營造出開闊的空間

C 動物園
Tiergarten

1752年法蘭茲一世創建的全世界最早的動物園。以小屋為中心，呈放射狀分布的獸欄中飼養約700種動物。

DATA 交宮殿步行10分 ☎01-87792940 時9時～18時30分（2月為～17時、3、10月為～17時30分、11～1月為～16時30分）休無 金€16.50

有無尾熊唷

皇帝一家觀賞動物的小屋。現在是咖啡廳

溫室分為熱帶、亞熱帶、地中海3種不同的氣候區

D 大溫室
Palmenhaus

青年風格的玻璃帷幕溫室。1882年法蘭茲‧約瑟夫一世下令興建，栽種熱帶氣候等地區的植物。

DATA 交宮殿步行8分 ☎01-8775087406 時9時30分～18時（10～4月為～17時）休無 金€5

E 馬車博物館
Wagenburg

展出婚喪喜慶用馬車，以及魯道夫皇太子、茜茜公主、馬麗亞‧特蕾莎乘坐的雪橇馬車等皇帝一家使用的各種馬車。

DATA 交宮殿步行3分 ☎01-525243470 時9～18時（11～4月為10～16時）休無 金€8

也展出茜茜公主穿過的禮服（→P30）

在廣闊的園區輕鬆移動

美泉宮遊園小火車
4～10月的10時10分～15時40分之間，每30分1班的小火車。繞行園內1圈約1小時。宮殿正門發車，在馬車博物館、席津門、動物園／大溫室、凱旋門等處停車。€7（1日內自由搭乘）。

馬車（Fiaker）
繞行花園的觀光馬車，但不會經過位於小丘上的凱旋門。30分約€65。

維也納 美泉宮①

宮殿內有多達1441個房間，
目前對外開放的僅有皇帝日常起居的40個房間。

28 藍色中國沙龍

房間以中國製的稻稈紙裝潢，反映瑪麗亞·特蕾莎對中國藝術的喜愛。1918年卡爾一世在此簽下放棄統治權的聲名書，為哈布斯堡家族的統治史劃上句點。

11 瑪麗·安東尼廳

曾是皇室家庭用餐的餐廳，重現當時的家具和擺設。晚餐通常在傍晚6時開始，提供3道到6道菜餚。

> **Episode**
> 被譏諷為「開會即舞會」的維也納會議開會地就在這裡

29 漆畫廳

法蘭茲一世過世後，瑪麗亞·特蕾莎將該廳改建為兩人的紀念室。牆上貼滿北京製黑漆板，上頭以金箔繪上花鳥等，並掛上法蘭茲一世的肖像。

21 大節慶廳

長43公尺、寬10公尺的大廳，主要使用於宮廷舞會等場合。天花板的濕壁畫是義大利畫家格雷戈里奧的巨作，描繪和平、繁榮與戰爭。1814年的維也納會議、1961年美國和蘇聯的高峰會談都曾在此舉行。

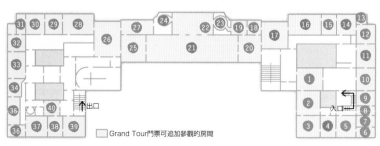

□ Grand Tour門票可追加參觀的房間

小小資訊 美泉宮的售票處位於正門左手邊的建築物，可在售票窗口或售票機購票。此外還可在官網URL www.shoenbrunn.net線上預約。

> Episode
> 據說這裡就是莫札特第
> 一次御前演奏的地方

16 鏡廳

鑲嵌水晶鏡子的洛可可風室內裝潢。在瑪麗亞·特蕾莎時期曾作為舉行室內音樂會等活動用的沙龍。

14 黃色沙龍

靠花園側的第一間房間。參觀重點是日內瓦畫家李歐塔的粉彩畫中，畫風寫實的平民孩童。和下一間房間中瑪麗亞·特蕾莎的孩子們肖像畫形成強烈的對比。

17 大羅沙廳

以灰泥裝潢、貼上金箔的房間。房間內掛滿畫家約瑟夫·羅沙的風景畫，包括哈布斯堡家族的發跡地瑞士等題材。這些畫作是在瑪麗亞·特蕾莎指示下創作的。

4 法蘭茲·約瑟夫的辦公室

務實勤勞的皇帝早上5時就開始工作，早、午餐都在這間房裡用餐。房間只裝飾著皇帝夫妻肖像畫等家族畫像及子女們送的禮物。

24 橢圓形中國廳

瑪麗亞·特蕾莎非常喜歡當時流行的中國和日本的美術品。極為昂貴的漆畫板，以繁複美麗的木框裱起。優美的青花瓷器，以及具有藝術性的象牙鑲嵌地板都極為美麗壯觀。

房間編號一覽
①衛兵廳／②撞球室／③胡桃木廳／④法蘭茲·約瑟夫的辦公室／⑤法蘭茲·約瑟夫的臥室／⑥西側露台閣／⑦旋梯閣／⑧梳妝室／⑨共用的臥室／⑩皇后的沙龍／⑪瑪麗·安東尼廳／⑫小孩房／⑬早餐廳／⑭黃色沙龍／⑮陽台廳／⑯鏡廳／⑰大羅沙廳／⑱第二小羅沙廳／⑲第一小羅沙廳／⑳照明廳／㉑大廳慶廳／㉒小節慶廳／㉓圓形中國廳／㉔橢圓形中國廳／㉕馬戲廳／㉖禮儀大廳／㉗駿馬廳／㉘藍色中國沙龍／㉙漆畫廳／㉚拿破崙廳／㉛瓷器廳／㉜百萬廳／㉝壁毯廳／㉞大公夫人蘇菲的書房／㉟紅色沙龍／㊱東側露台閣／㊲帝國廳／㊳法蘭茲·卡爾大公的書房／㊴法蘭茲·卡爾大公的沙龍／㊵狩獵廳

PROFILE
瑪麗亞·特蕾莎
Maria Theresia
(1717～80年)

23歲即位的哈布斯堡家族唯一一位女皇（在位期間1740～80年），以巧妙的政治手腕帶領哈布斯堡家族邁向全盛期，並擁有16名子女。與丈夫法蘭茲一世鶼鰈情深，丈夫死後終身守寡。

素有"城中之城"的美名

哈布斯堡家族的宮苑
巨型宮殿群霍夫堡

13世紀起至1918年王朝覆滅，霍夫堡一直是哈布斯堡王朝歷代皇帝居住的宮殿。
居住區的皇宮群，以及教堂、圖書館、花園等組成巨大的複合設施。

新皇宮前有土耳其戰爭英雄歐根親王雕像

別冊
MAP
P8A3

霍夫堡（皇宮）
Hofburg

大帝國歷史縮影的宮殿

13世紀左右開始興建。隨著哈布斯堡王朝的興盛
不斷改建、擴建，占地面積約24萬平方公尺。共
2600個房間、19座中庭及廣場的3座宮殿內，曾
住有約5000人。如今的霍夫堡大部分對外開放為
博物館和美術館。

> DATA
> 交Ü3號線Herrengasse站步行3分

 舊皇宮
Alte Burg

詳細資訊→P28

皇帝辦公的區域和起居室所在的部分稱為舊皇
宮。16世紀起陸續擴建，於19世紀末完工。
1806年神聖羅馬帝國滅亡後，成為皇帝一家生
活的宮殿。目前對外開放法蘭茲·約瑟夫一世
和伊莉莎白皇后使用的16個房間。

DATA 交Ü3號線Herrengasse站步行3分 住Hofburg
- Michaelerkuppel ☎01-5337570 時9時～17時30分
（7、8月為～18時。閉館前1小時截止入場） 休無
金€12.50（舊皇宮內3館共通）※費用為2015年3月15
日起的票價）※也有結合美泉宮與宮廷家具博物館的
茜茜套票（→P22）

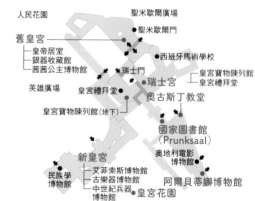

人民花園
聖米歇爾廣場
舊皇宮
├ 皇帝居室
├ 銀器收藏館
└ 茜茜公主博物館
聖米歇爾門
西班牙馬術學校
瑞士門
皇宮寶物陳列館
皇宮禮拜堂
英雄廣場
皇宮禮拜堂
瑞士宮
奧古斯丁教堂
皇宮寶物陳列館(地下)
國家圖書館
（Prunksaal）
新皇宮
├ 艾菲索斯博物館
├ 古樂器博物館
└ 中世紀兵器博物館
奧地利電影博物館
民族學博物館
皇宮花園
阿爾貝蒂娜博物館

舊皇宮的中庭矗立著法蘭茲一世的雕像

新皇宮
Neue Burg

1879年動工興建，因王朝傾覆，僅完成一
部分。現在內部共有三座博物館。

DATA 艾菲索斯博物館／古樂器博物館／中世
兵器博物館：☎01-52524430 時10～18時 休週
一、二 金€14（新皇宮內3館共通）

原本預計為法蘭茲·
斐迪南大公的居所

 小小資訊 霍夫堡內有西班牙馬術學校Spainiche Hofreitschule（別冊MAP/P8A3 金€47～173），可欣賞由利比扎白馬表演的古典
馬術及晨間練習的樣子。舉辦日期視季節而異，請上URL www.srs.at確認。

瑞士宮
Schweizerhof

13世紀興建的霍夫堡歷史最悠久宮殿。以紅色及金色裝飾的瑞士門是16世紀的建築。內有皇宮寶物陳列館及皇宮禮拜堂。

皇宮寶物陳列館
Schatzkammer

展出奧地利帝國及神聖羅馬帝國的皇冠、伊莉莎白的胸針等歷史悠久的寶物。參觀所需時間約60分。

DATA ☎01-525247245 時9時～17時30分 休週二 金€12
※語音導覽€4。和藝術史博物館（→P36）的套票€20

文藝復興風格的瑞士門，裡面就是皇宮寶物陳列館

奧地利帝國的皇冠

奧古斯丁教堂
Augustinerkirche

14世紀興建。17世紀後成為舉行儀式及彌撒的宮廷教堂，哈布斯堡家族的結婚典禮也在此舉行。在地下室有放置皇族心臟的保管處。

DATA ☎01-533 7099 時8～18時（週日13時～）休無 金免費

瑪麗亞·特蕾莎的四女克莉絲汀之墓也在這裡

國家圖書館
Österreichische Nationalbibliothek, Prunksaal

原為卡爾六世於1726年下令興建的皇宮書庫。目前保存以歐根親王藏書為中心約20萬冊的圖書，並陳列威尼斯製的天球儀。

DATA ☎01-53410464 時10～18時（週四～21時）休10～5月的週一 金€7

中央聳立著卡爾六世的雕像

阿爾貝蒂娜博物館
Albertina

以瑪麗亞·特蕾莎的女兒瑪麗亞·克莉絲汀的夫婿——艾伯特公爵蒐羅的藝術作品為中心，收藏杜勒、林布蘭等人約100萬件的作品。參觀需時約90分。

DATA ☎01-534830 時10～18時（週三～21時）休無 金€11.90

美術館以豪華的內部裝潢為特色

皇宮花園
Burggarten

1819年，皇帝法蘭茲·約瑟夫一世將遭法軍炸毀的城牆遺址，改建為皇宮專用的庭園。北邊有利用大溫室空間的咖啡廳Palmenhaus（→P70）。

DATA ☎01-5339083 時6時～日落（視季節而異）休無 金免費

現在是市民休憩的場所

哈布斯堡家族族譜（簡圖）

原本是瑞士邊境的小貴族，後成為神聖羅馬帝國歷任皇帝。藉由與其他皇室的政策結婚維持家族繁盛，13～20世紀初的645年期間建立了一大帝國。

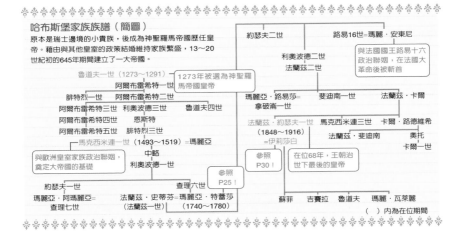

舊皇宮內參觀重點

目前開放保存哈布斯堡王朝末代皇帝法蘭茲‧約瑟夫一世和伊莉莎白皇后起居空間的"皇帝居室"、展示宮中使用餐具的"銀器收藏館"、回顧伊莉莎白生平的"茜茜公主博物館"。建議預留2小時參觀。

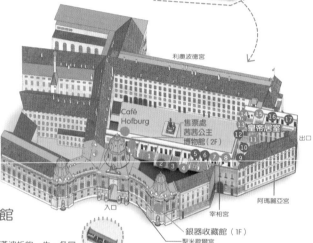

利奧波德宮
Café Hofburg
售票處
茜茜公主
博物館（2F）
皇帝居室
出口
入口
阿瑪麗亞宮
宰相宮
銀器收藏館（1F）
聖米歇爾宮

 茜茜公主博物館
Sisi Museum

介紹小名茜茜的伊莉莎白皇后充滿波折的一生。各展室分為「死亡」「茜茜傳奇」「少女時代」「宮廷生活」「逃避」「暗殺」等主題，可看到皇后喜愛的陽傘及扇子，以及別上髮飾"鑽石之星"的肖像畫。

© Schloss Schönbrunn Kultur- und Betriebsges.m.b.H./ Edgar Knaack
© Schloss Schönbrunn Kultur- und Betriebsges.m.b.H./Lois Lammerhuber

1．在「茜茜傳奇」展室，有皇后過世後製作的真人大小立像及紀念幣等 2．在「逃避」展室中展出大部份宮廷生活都在旅途中度過的伊莉莎白專用列車複製品。照片中為沙龍車廂，此外還有臥鋪車廂

 and more…

> 別冊
> MAP
> P8A3
>
> ## Café Hofburg
>
> 位於立有法蘭茲一世雕像的舊皇宮中庭。提供20種以上的蛋糕、茜茜咖啡€5.40、瑪麗亞‧特蕾莎€7.50等皇宮風格餐廳。還供應如烤土司€6.90等多種輕食。
>
> DATA ☎01-24100400 時10～18時 休無 Ⓔ Ⓔ

1．咖啡廳與舊皇宮售票處相通 2．可嘗到三種迷你蛋糕的維也納蛋糕€6.40 3．茜茜咖啡為加入大量牛奶的咖啡歐蕾

 **銀器收藏館**
Silberkammer

展出哈布斯堡家族擁有的金、銀、瓷器等約7000件餐具。展覽品包括用於接待國賓的正式晚餐用銀器組、伊莉莎白搭船旅行時使用的海豚雕花銀餐具、瑪麗亞‧特蕾莎使用的刀叉等。

  參觀路線依序是宮廷銀器收藏館→茜茜公主博物館→皇帝居室。在售票亭與皇帝居室出口2處有禮品店。

皇帝居室
Kaiserappartements

經歷長達數世紀的擴建與改建，目前舊皇宮（阿瑪麗亞宮及宰相宮）內仍保存法蘭茲‧約瑟夫一世與皇后伊莉莎白的房間，並對外開放。

② 謁見等候室

在前往謁見廳前的等候室。在法蘭茲‧約瑟夫一世在位期間，只要是帝國居民都可以請求謁見皇帝。

④ 會議廳

皇帝自己擔任議長，主持名為「Minister Conseil」的大臣會議。牆壁上掛著描繪1849年匈牙利革命的巨幅畫作。據說法蘭茲‧約瑟夫皇帝絕大部分的時間都是穿著軍服的。

⑤ 辦公室

皇帝每天大部份時間都在這個房間，從早開始處理公務。牆壁上有皇帝喜歡的放下長髮的伊莉莎白肖像畫。

⑥ 皇帝的臥室

從房內僅有鐵床及簡單洗臉台，可看出皇帝平日簡樸的生活。房內沒有浴室，每天早晨會有人將橡膠製的澡缸抬進來。

⑨ 伊莉莎白皇后的起居室兼臥室

原為帝后夫婦共用的寢室，但後來成為伊莉莎白皇后專用。房內有陶製暖爐。

> Episode
> 據說伊莉莎白為了保持挺直的姿勢，睡覺不用枕頭

⑫ 皇后接見廳

伊莉莎白皇后接見客人的沙龍。房間中央放置皇帝夫婦共進早餐時專用的餐桌。

> Episode
> 牆壁上掛著伊莉莎白嚮往的異國風景畫

⑰ 餐廳

皇帝一家的餐廳。通常一餐會吃約9～13道的全餐菜色。據說每道菜會搭配不同葡萄酒。

房間編號一覽表

①護衛室／②謁見等候室／③謁見廳／④會議廳／⑤辦公室／⑥皇帝的臥室／⑦大沙龍／⑧小沙龍‧墨西哥皇帝馬克西米連紀念室／⑨伊莉莎白皇后的起居室兼臥室／⑩梳妝室兼體操室／⑪浴室、博格爾廳／⑫皇后接見廳／⑬伊莉莎白小沙龍／⑭大接待廳／⑮亞歷山大居室／⑯紅色沙龍／⑰餐廳

維也納 皇宮 ②

| 皇宮周邊 | 聖史蒂芬大教堂周邊 | 克爾特納大街 | 瑪麗亞希爾費費大街 | MQ周邊 | 環城大道周邊 |

29

前往市內各處
伊莉莎白皇后相關景點

皇帝法蘭茲‧約瑟夫一世的妻子伊莉莎白皇后。本節重點介紹世人所熟知的茜茜公主，並有美女皇后美譽的伊莉莎白相關景點。

瑪麗亞 希爾費 大街　別冊MAP P4B4

宮廷家具博物館
Hofmobiliendepot Möbel Museum Wien

展出皇后喜愛的家具

除了陳列與哈布斯堡家族有所淵源的家具，還可看到伊莉莎白用過的筆記本與梳妝台。此外也展出伊莉莎白皇后為了維持體態，每天使用好幾次的體重計。　　　　　　　　　　DATA→P51

©Hofmobiliendepot

©Hofmobiliendepot

郊區　MAP P23

馬車博物館
Wagenburg

透過馬車了解茜茜公主的生平

原是室內馬場，對外開放為展示哈布斯堡家族馬車的博物館。展出伊莉莎白結婚時乘坐的馬車、加冕典禮用的馬車、以及運送皇后棺木的靈柩馬車。參觀重點為伊莉莎白婚禮時穿著的裙擺，上面以金銀線繡出花樣。　　　　　DATA→P23

伊莉莎白皇后的 繁星系列飾品
（→P72）

PROFILE

伊莉莎白皇后
Elisabeth Amalie Eugenie（1837～98年）

巴伐利亞公爵的次女。16歲時與未來的皇帝法蘭茲‧約瑟夫一世結婚，但由於不適應僵化的宮廷生活，且與蘇菲大公夫人不合，造成精神上不穩定。她為了逃離皇室而不斷旅行。1898年在瑞士遭到暗殺，享年60歲。

1837年	出生於德國巴伐利亞地區
1853年	法蘭茲‧約瑟夫一世對她一見鍾情，並訂下婚約
1854年	兩人結婚
1855年	長女蘇菲誕生
1856年	次女吉賽拉誕生
1858年	長男魯道夫誕生
1867年	即位為奧匈帝國女皇
1868年	三女瑪麗‧瓦萊麗誕生
1889年	長男魯道夫過世，死因成謎
1898年	在瑞士日內瓦湖畔遭到無政府主義者暗殺

小小 資訊

伊莉莎白皇后身高173公分、體重48公斤、腰圍50公分，有著令人稱羨的體態。為維持良好身材，她極度控制飲食，有時只喝牛奶和吃橘子等。

美泉宮（申布倫宮）

郊區　別冊 MAP P4A4

Schloß Schönbrunn

新婚時居住的夏季離宮

為兩人新婚數年間的夏季離宮。為了維持身材，在梳妝室放著體重計。在她寫信及寫詩的書房裡，當時有一座連接自己房間的秘密樓梯，她屢次利用這座樓梯外出。

DATA→P22

1.每天花費數小時在梳妝室整理頭髮　2.伊莉莎白皇后的起居室必備體重計

茜茜公主喜歡的甜點

糖漬紫羅蘭
甜點師傅為了喜歡紫羅蘭的茜茜公主特製的。
（Gerstner→P70）

麵包脆餅
皇后旅途中攜帶，代替正餐的無糖脆餅。
（Zum Schwarzen Kameel→P68）

霍夫堡（皇宮）

皇宮周邊　別冊 MAP P8A3

Hofburg

伊莉莎白皇后居住的宮殿

住在舊皇宮西側阿瑪麗亞宮的伊莉莎白，在宮殿內蓋了梳妝室兼健身房，為保持美貌而運動。

DATA→P26

1.整理頭髮用的鏡子　2.皇后曾為了減肥，只喝用絞肉機榨出的肉汁　3.皇宮第一個專用浴缸

奧古斯丁教堂

皇宮周邊　別冊 MAP P8A3

Augustinerkirche

舉行結婚典禮的宮廷教堂

法蘭茲·約瑟夫一世在對伊莉莎白一見鍾情的數日後即訂下婚約，隔年就在這間教堂舉行婚禮。教堂內有安放哈布斯堡家族成員心臟的保管處，入場費€2.50。

DATA→P27

瑪麗亞·特蕾莎也在此舉行婚禮。參觀心臟保管處需預約

卡普欽納教堂

皇宮周邊　別冊 MAP P8B4

Kapuzinerkirche

一家三人在此長眠

伊莉莎白於1989年遭到暗殺，她的遺體就安置在這座教堂地下的禮拜堂。棺木旁丈夫法蘭茲·約瑟夫一世及死因不明得年30歲的長男魯道夫皇太子也長眠於此。

DATA→P50

中央為法蘭茲·約瑟夫一世，伊莉莎白皇后在左側，魯道夫皇太子在右側

人民花園

皇宮周邊　別冊 MAP P12B2

Volksgarten

佇立在花園深處的伊莉莎白紀念雕像

位於皇宮境內，英雄廣場西北方的庭園。庭園深處為奉法蘭茲·約瑟夫一世之命於1907年建造的伊莉莎白雕像。此外還有忒修斯神殿及玫瑰園。

DATA 交①D·1·2·71號線Dr-Karl-Renner-Ring步行2分
住Volksgarten ☎01-5339083
時6時~日落（夏季為~22時、11~3月為6時30分~）
休無（視天氣有時會公休）　金免費

四季不同花朵環繞的紀念雕像

來看看3大主要街道的介紹♪

從景點到商店應有盡有
舊城區散步地圖

石板街道和古老建築等，保留中世紀風貌的舊城區是維也納最熱鬧的地區。
不妨在3條主要街道上漫步，並欣賞美麗的街景吧。

街頭漫步POINT
聚集不少景點的柯爾市場街、格拉本大街、克爾特納大街等3條大街，
是舊城區人潮最多的街道。每條都是行人徒步區，十分好逛。但克爾特納大街到了國家歌劇院
附近就變成一般車輛通行的道路，交通流量大要十分小心。主要街道旁的小巷也有許多時尚小
店，可進去看看。

柯爾市場街
Kohlmarkt / 別冊MAP●P8A2

通往皇宮前的高級名牌街

連接舊皇宮聖米歇爾大門與格拉本大
街，約200公尺左右的短短街道。街
道兩旁高級名牌店林立。也別錯過新
藝術建築的羅斯館（→P47）。

① **黃金區**
Goldenes Quartier / 別冊MAP●P8B2
位於柯爾市場街與柏格納街一角，
2013年新開幕的高級購物區。有
LV、Prada等約20間店進駐。

DATA　交M3號線Herrengasse站步行4分
住Tuchlauben 3-7A/Bognergasse/Seitzergasse/
Am Hof　☎無代表號　時休視店鋪而異

Herrengasse站

聖米歇爾廣場

② 霍夫堡

維也納國家歌劇院

② **霍夫堡**（皇宮）
Hofburg / 別冊MAP●P8A3
在廣大的腹地上有三座宮
殿與多達2600個房間及
19個中庭。即使只逛最主
要的景點舊皇宮，也會花
上2小時。　DATA→P26

③ **維也納國家歌劇院**
Staatsoper / 別冊MAP●P10B1
新文藝復興樣式的壯觀
建築。想參觀歌劇院內
部就參加導覽行程吧。
DATA→P40

④ **Demel**
別冊MAP●P8A2
該甜點店徽章使用與皇
家相同的雙頭鷲。夏季
於店前會販售冰淇淋。
DATA→P55

⑤ **黑死病紀念柱**（三位一體紀念碑）
Pestsäule / 別冊MAP●P8B2
矗立於格拉本大街中央，是皇帝利奧波
德一世為紀念黑死病平息建立的巴洛克
風格紀念碑。1670年代大流行的黑死病
造成數萬人死亡。

32

小小資訊 聖史蒂芬大教堂入口附近為免費參觀區，從那裡就可看見主祭壇。此外有需爬上343階螺旋階梯、高136.44公尺的南塔
（€4.50），以及可搭電梯登頂68.3公尺的北塔（€5.50）瞭望塔。

6 安卡時鐘
Ankeruhr / 別冊●P9C1

位於名為安卡的保險公司2棟大樓之間，寬約10公尺的空間內打造的機關鐘，是藝術家法蘭茲·麥希的作品。
DATA→P47

8 Julius Meinl
別冊MAP●P8B2

店家原創！

位於柯爾市場街與格拉本大街街角的高級超市。獨家的咖啡商品相當受歡迎。
DATA→P78

7 聖彼得教堂
Perterskirche / 別冊●P8B2

由18世紀巴洛克建築巨匠盧卡斯·希德布蘭特改建而成。
DATA→P50

9 聖史蒂芬大教堂
Stephansdom / 別冊MAP●P9C2

↑主祭壇裝飾著以聖史蒂芬為題材的畫作

原本是1147年時興建的羅馬式教堂，14世紀時在魯道夫四世的命令下，搖身一變為哥德風格的大教堂。主祭壇及地下安置哈布斯堡家族歷代君王內臟壺的墓室都開放參觀。

DATA 交M1、3號Stephansplaz站步行1分
住Stephansplatz ☎01-515523767 時6～22時（週日7時～）※彌撒時不開放參觀 休無
金€4.50～。英語導覽€5.50※2014年11月時外觀整修中。可參觀。

Zanoni & Zanoni →P67

Griechenbeisl →P62

Zwölf Apostelkeller →P64

Figlmüller →P61

9 聖史蒂芬大教堂

許多美味餐廳雲集的美食景點

10

Stephans platz站

格拉本大街

克爾特納大街

11

格拉本大街
Graben / 別冊●P8B2
咖啡廳與商店雲集

由於保留了羅馬時代至12世紀末的壕溝（Graben）而得名。又寬又長的行人徒步區兩側開設了許多商家和咖啡廳。

克爾特納大街
Kärntner Str. / 別冊●P8B4
舊城區最熱鬧的地段

由聖史蒂芬大教堂一路延伸至國家歌劇院，舊城區最熱鬧的街道。老字號商店到潮流品牌店家等應有盡有，還有販售維也納香腸的攤販。

10 Thomas Sabo
別冊●P8B3

位於西側第一條街Seiler gasse。在維也納女孩間非常受歡迎的飾品店。
DATA→P75

11 施華洛世奇
Swarovski / 別冊●P8B4

在國內也十分知名的老字號珠寶品牌。搶眼的華麗外觀是其特色。
DATA→P74

感受新藝術派大師克林姆的魅力！

19世紀末興起的新時代藝術，以維也納為中心向外傳播的新藝術風格。
新藝術派的核心畫家克林姆，陸續創作出沉溺感官並洋溢頹廢氣息的作品。

『貝多芬之牆』
Beethovenfries（1901～02年）
以貝多芬『第九號交響曲』為主題，
是三幅連續壁畫組成的鉅作。
展示⇒分離派會館

『園中大道』
Allee im Park
vor Schloss Kammer（1912年）
描繪位於維也納西邊230公里處阿特
湖畔的風景畫，至今當地仍保留此林
蔭大道。
展示⇒貝維德雷宮

『茱蒂斯』
Judith（1901年）
在舊約聖經外傳中登場的美麗女性茱
蒂斯。該畫作描繪她將敵方將軍斬首
後，流露出的冶艷性感姿態。
展示⇒貝維德雷宮

環城大道周邊　別冊MAP P11D4

貝維德雷宮
Schloss Belvedere

新藝術派作品大集合

為哈布斯堡家族效力的貴族——歐根親王興建的
夏宮。分為上宮和下宮，曾作為迎賓館使用的上
宮，現為展出克林姆及席勒等新藝術派畫家作品
的美術館。參觀約需1小時30分左右。下宮為特
展展館。庭園也值得一看。

DATA 交①D號線Schloss
Belvedere站步行3分
住Prinz Eugen Str. 27
☎01-795570　時10～18時
休無　金€14（僅上宮。與
下宮的套票€19）Ｅ

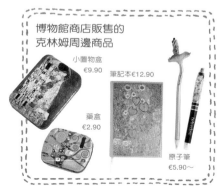

博物館商店販售的
克林姆周邊商品

小置物盒
€9.90

筆記本€12.90

藥盒
€2.90

原子筆
€5.90～

小小資訊　克林姆也以善於發掘年輕藝術家才能聞名。包括以哀愁筆觸描繪裸女及肖像畫的埃貢·席勒（→P39），
以及激進派表現主義風格的奧斯卡·柯克西卡等。

古斯塔夫·克林姆
Gustav Klimt（1862〜1918年）

有別於保守、傳統主義的「分離派」
首任會長。出生於金匠家庭，年輕時
起就曾負責藝術史博物館的裝潢等。
以女性和愛欲為主題，創作出多幅洋
溢甜美和頹廢氣息的畫作。

與戀人艾蜜莉的合照
©Leopold Museum,Wien

『艾蜜莉·芙洛格』
Porträt Emilie Flöge（1902年）

「吻」一畫的模
特兒，同時也是
克林姆最愛的女
友艾蜜莉·芙洛
格的肖像畫。
展示⇒維也納博
物館卡爾廣場

『吻』
Der Kuss（1908年）

以當時被視為禁忌的男女
間的性愛為主題。可從金
箔背景看到日本美術的對
他的影響。
展示⇒貝維德雷宮

『弗莉莎·雷德』
Fritza Riedler
（1906年）

描繪贊助人的作品。平面描繪的
椅子及家具都畫上分離派特有的
裝飾花紋。
展示⇒貝維德雷宮

環城大道
周邊　別冊 MAP P10A2

分離派會館
Secession

引領新藝術的分離派根據地

以克林姆為中心組成的維也納分離派活動據點，
現為青年風格的藝術展覽館。克林姆所繪的大型
壁畫位於地下展示間。

DATA →P46

1.門上裝飾著三尊梅杜莎
頭像
2.分離派的象徵

環城大道
周邊　別冊 MAP P11C3

維也納博物館
卡爾廣場
Wien Museum Karlsplatz

綜觀維也納的歷史

收藏包含藝術女神『女神雅典娜』，及描繪戀人
們接吻瞬間的『愛』等克林姆的知名作品，以及
席勒的畫作。此外也有可了解維也納歷史的出土
文物等展示品。

DATA 交Ü1、2、4號
線Karlsplatz站步行5分
住Karlsplatz 8
☎01-50587470
時10〜18時 休週一
金€8（第1週日免費）

位於卡爾廣場東邊的市立
博物館

在歐洲首屈一指的美術館
藝術史博物館
細細品味名畫

展出哈布斯堡家族藝術收藏的藝術史博物館，是歐洲首屈一指的美術館。
布勒哲爾、維梅爾、維拉斯奎茲等世界聞名的大師巨作皆不能錯過。

位於瑪麗亞．特蕾莎廣場，對面是自然史博物館

MQ 週邊 **別冊 MAP P13B1** **藝術史博物館**
Kunsthistorisches Museum

珍貴藝術作品齊聚一堂

1樓為希臘、埃及藝術品，3樓則展示貨幣。畫作都集中在2樓，館內收藏的早期尼德蘭畫派大師布勒哲爾的作品數量為世界第一。只參觀2樓也需花上約2小時。

> DATA 交①D、1、2、71號線Burging站步行2分
> 住Maria Theresien Platz　☎01-525240　時10～18時
> （週四～21時）　休9～5月的週一　金€14（和皇宮寶物陳列館的套票€20）🅔

1.大理石建造的莊嚴建築 2.一定要看看克林姆創作的壁畫。位於2樓階梯拱柱的上方 3.維拉斯奎茲等人的宮廷肖像畫位於2樓10號展間

Check

也別錯過咖啡廳與商店

拿鐵€4.50與檸檬
起司蛋糕€4.60

2F Café KHM

咖啡廳的挑高天花板與美麗的壁飾，即使不在此小憩也務必參觀。供應約15種蛋糕。
DATA ☎0664-9664546
時10時～17時30分　休週一 🅑🅔

1F KHM-博物館商店
KHM-Museumshop

主要販售博物館館藏造型的周邊商品。其中布勒哲爾相關商品特別齊全。店家規模相當寬敞。
DATA ☎01-525243300
時10～18時（週四～21時）
休9～5月的週一 🅔

1.『兒童遊戲』撲克牌€12.90 2.『巴別塔』筆記本€2.90 3.『雪中獵人（冬）』與老彼得．布勒哲爾『小花束』布偶各€25

小小資訊 作品的展場可能因舉辦特別展、外借等因素而有變更，需事先確認。
館內的藝術收藏室Kunstkammer收藏哈布斯堡家族收集的工藝品，修復工程結束後於2013年再次開放。

必看名畫列表！

畫作館藏位於2樓，共38間展示室。布勒哲爾在編號X，維梅爾在編號22，維拉斯奎茲在編號10的展室。

『農民的婚禮』
彼得‧布勒哲爾
Bauernhochzeit （1568年左右）

描繪比利時法蘭德斯地區農民婚宴的作品。坐在黑色壁飾前的人是新娘，畫中沒有新郎。

『巴別塔』
彼得‧布勒哲爾
Turmbau zu Babel （1563年左右）

仔細描繪舊約聖經創世紀中記載的傳說之塔建造場景，連在建築內部工作的工人都仔細呈現。

『雪中獵人（冬）』
彼得‧布勒哲爾
Jäger im Schnee（Winter）（1565年左右）

描繪每個季節的農民生活，一系列6幅畫中的一幅，館內還收藏同系列『陰天（早春）』『牧歸（秋）』。

穿白色禮服的瑪格麗特公主
迪亞哥‧維拉斯奎茲
Infantin Margarita Teresa in weißem Kleid （1656年）

西班牙國王飛利浦四世的女兒。西班牙送給政治聯姻對象神聖羅馬帝國皇帝利奧波德一世，當時年僅五歲的瑪格麗特公主肖像畫。

穿藍色禮服的瑪格麗特公主
迪亞哥‧維拉斯奎茲
Infantin Margarita Teresa in blauem Kleid （1659年左右）

8歲的瑪格麗特。與上圖同為西班牙哈布斯堡家族送到維也納的相親用肖像畫。

繪畫的藝術
約翰尼斯‧維梅爾
Die Malkunst （1665～66年左右）

維梅爾的代表作之一。畫中以歷史女神克麗奧為模特兒，作畫者為維梅爾本人。

巨大的複合型藝術設施

維也納博物館區
近距離體驗藝術

聚集美術館和博物館等，以別稱MQ為人所熟知的現代藝術複合型設施。
區域內也開設了咖啡廳和餐廳，可在此悠閒享受藝術鑑賞。

別冊 MAP P13A1

維也納博物館區
Museums Quartier Wien

現代藝術大集合

2001年在帝國馬廠遺址上開幕的複合型藝術設施。集結了十座以上繪畫、電影、舞台劇為主題的美術館與博物館。占地遼闊，建議先決定參觀目標再行動。

DATA
交 Ｕ2號線Museumsquartier站步行2分
住 Museumsplatz 1　☎01-5235881（MQ Point）　時休視設施而異　金區域內免費進場，有通用的折扣票或MQ套票€29.90等（可在MQ Point購買）※也有單設施的個別門票

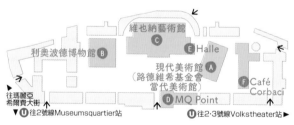

維也納藝術館
C
利奧波德博物館 **B**　**E** Halle
現代美術館（路德維希基金會當代美術館）**A**
F Café Corbaci
▶往瑪麗亞希爾費大街　**D** MQ Point
▼ Ｕ往2號線Museumsquartier站　Ｕ往2·3號線Volkstheater站 ▶

1.博物館前擺著稱為Enzi、設計創新的長椅
2.在利奧波德美術館中可欣賞到席勒等人的眾多畫作

A ## 現代美術館（路德維希基金會當代美術館）
MUMOK(Museum moderner Kunst Stiftung Ludwig Wien)

收藏約9000件畢卡索及安迪·沃荷等活躍於近現代藝術家的雕刻及繪畫作品。沒有常設展，隨時都有4個不同主題的特展。

DATA ☎01-525000　時10~19時（週一14時~、週四~21時）
休無　金€10　**E**

1.特展每2月至半年更換一次，讓常客也能享受不同樂趣
2.通稱MUMOK

小小資訊

MQ Point販售的商品除了原創商品外，其餘商品約每2個月替換1次。
此外，店裡也有主打年輕設計師的每月不同主題的展示空間。

B 利奧波德博物館
Leopold Museum

對外開放藝術收藏家魯道夫‧利奧波德的個人收藏品。重點為多達200件的席勒畫作。此外也展出克林姆及柯克西卡畫作、維也納工坊工藝品等。

設有美術館商店和咖啡廳

DATA ☎01-525700　時10～18時（週四～21時）休週二　金€12 [E]

『有燈籠花的自畫像』
埃貢‧席勒
Selbstbildnis mit Lampionfrüchten（1912年）

席勒在短暫的一生中留下為數眾多的肖像畫，他特別喜歡能直接表現內心情感波動的自畫像。這是其中一幅代表作。

『死亡與生命』 古斯塔夫‧克林姆
Tod und Leben（1910～15年）

聚在一起的人為生，另一邊為死神，傳達生與死就近在身旁的作品。

『沃莉肖像』
埃貢‧席勒
Bildnis Wally Neuzil（1912年）

與『有燈籠花的自畫像』對應，呈現相互凝視的構圖。二人在之後分手。

C 維也納藝術館
Kunsthalle

由兩個展場構成的近現代藝術館。沒有館藏及常設展，整年皆舉辦以國內外畫作、照片、影像等藝術作品的特展。附設咖啡餐廳「Halle」也十分受歡迎。

DATA ☎01-5218933　時10～19時（週四～21時）　休無　金單展場€8（視展覽而異，也有€12的套票）

1.位於MQ中央的美術館　2.可了解最新的現代藝術資訊

D MQ Point

販售原創商品與進口雜貨的博物館商店。並附設綜合服務台及售票櫃檯。

個性洋溢的商品琳瑯滿目

DATA ☎01-52358811731　時10～19時　休無

1.Enzi長凳型USB（4GB）各€25　2.復古風格手提箱€44.90

E Halle

位於維也納藝術館二樓的咖啡餐廳。供應使用蔬菜及麵包等BIO（有機栽培農作物）食材為主的餐點。每日套餐€9.50～（11時30分～15時）。

DATA ☎01-5237001　時10時～翌2時　休無 [E][E]

1.時尚且明亮的店內　2.加上當季水果的鬆餅€5.80與生薑花草茶€3.90

F Café Corbaci

位於建築中心一樓的餐廳＆咖啡吧。土耳其風格的天花板十分搶眼。咖啡為€3.30～，每日蛋糕€3.50。

DATA ☎01-066473630036　時10～24時　休無 [E][E]

1.融合現代與東方風情的店內　2.今日午餐€9.50，並提供素食餐點€8.50

音樂之都維也納的歌劇鑑賞初體驗

前往華麗的夢幻舞台

維也納是由哈布斯堡王朝治世下的18世紀後半開始有歌劇演出。

如今從9月上旬到隔年6月下旬的歌劇季，幾乎天天都有歌劇在劇院上演。

1.古斯塔夫‧馬勒等人曾在此擔任音樂總監 2.新文藝復興式建築 3.大理石階梯等豪華的內部裝潢

皇宮周邊 ｜ 別冊 MAP P10B1

維也納國家歌劇院
Staatsoper

世界三大歌劇院之一

1869年以莫札特的『唐‧喬凡尼』為首演的哈布斯堡家族宮廷歌劇院。於第二次世界大戰中燒毀，現今建築為1955年重建。與巴黎歌劇院、米蘭史卡拉歌劇院並列世界三大歌劇院。在歌劇季時，幾乎天天有歌劇及芭蕾公演。內部可報名導覽參觀。

DATA 交U 1、2、4號線Karlsplatz站步行4分 住Opernring 2 ☎01-514442606 〈座位數〉總座位數2284席（含站席567席，其他8席）URL www.wiener-staatsoper.at/ E

小小資訊 提供可參觀後台及皇帝專用席等平常不開放參觀的歌劇院內部導覽行程。（☎01-514442421 ※日期需確認 金€7.50 時15時 ※視季節而異）

還有更多
歌劇SPOT

皇宮周邊 | 別冊MAP P8B4
戲劇博物館
Theater Museum

展出豪華的舞台服裝

改建自貝多芬的資助者——貴族羅伯克維茲家族的宮殿。除了展出歌劇及舞台劇使用的舞台服裝，也會依季節舉辦主題展。

DATA 交Ü1、4號線Stephansplatz站步行6分
住Lobkowitzplatz 2
☎01-525245315
時10～18時 金€8 休週一

皇宮周邊 | 別冊MAP P10B1
Arcadia

購買歌劇院周邊商品

與歌劇院位在同一棟建築的音樂產品專賣店。包含古典樂CD、音樂會DVD、樂譜，以及音樂主題的各種個性周邊產品。入口位於克爾特納大街側。

DATA 交Ü1、2、4號線Karlsplatz站步行4分
住Kärntner Str. 40
☎01-5139568 時9時30分～19時（週日10時～） 休無 E

1.設計獨特的鍵盤造型計算機€17.90
2.音符與五線譜便條本€9.90

郊區 | 別冊MAP P4B2
人民歌劇院
Volksoper

氣氛輕鬆的歌劇院

慶祝法蘭茲‧約瑟夫一世即位50週年，於1898年興建的歌劇院。規模僅次於國家歌劇院，演出以輕歌劇為主，也有歌劇、音樂劇、芭蕾等表演。

DATA 交Ü6號線Währinger Straße-Volksoper站步行3分
住Währinger Str. 78 ☎01-514443670 ※劇院售票處：時8～18時（週六、日9～12時） 休無
〈座位數〉總座位數1337席（含站席72席、其他4席）
URLwww.volksoper.at/

Check！
How to 鑑賞歌劇

預約方式

國內預約

於公演的三週前，用德語或英語，寫上劇院名、公演日期、劇目、張數、金額、姓名、地址、日期郵寄或傳真至歌劇院。得到回覆後將款項匯入指定帳戶。至公演前一日為止可在歌劇院預售票櫃檯、公演當天可在劇院窗口取票。
郵寄地址： Kartenvertrieb der Wiener Staatsoper, Hanuschgasse 2, 1010 Wien, Austria/Europe
FAX：+43-1-514442969

上網預約

可由以下網站預約，信用卡付費。可自己印票或至當地取票（取票方式同上）。
Culutural：URLwww.culturall.com/

當地預約

可在歌劇院旁的售票處購買（住Operngasse 2 ☎01-51447880 時8～18時（週六日、假日9～12時） 休無）。座位分為8個票價等級，約€10～265。站席€3～4僅限當日販售，上演前80分於歌劇院正門左邊站席入口處販售。

當日流程

 開演前30分 抵達
抵達劇院。若遲到就只能等中場休息時入場，需特別注意。以防萬一最好在30分前抵達劇場。

↓

 前25分 寄物櫃
劇院內有不少寄物櫃，可找離自己最近的地點寄放大衣及隨身行李。

↓

前20分 入口
將票交給劇院入口的工作人員確認，他們會幫忙帶位，請依指示入座。

↓

前10分 預習
建議可在劇場服務台買公演簡介。找的零錢給寄物櫃人員當小費是基本禮貌。

 開演 開演
鈴響即開演。演出時，若表演很精彩，大叫「Bravo!」也無妨。但請小心別造成旁人的困擾。

↓

 中場 休息
大廳會準備飲料及點心拼盤。可手拿飲料杯悠閒觀劇。

↓

閉場 謝幕
表演結束就會謝幕，請用力拍手吧。此時一般都會開放照相攝影。

↓

退場 閉幕
領行李後會回下榻的飯店。表演結束已經很晚，搭計程車比較安全。

禮儀

演出時禁止拍照攝影。若自己的座位在中間要早點入座。要從他人面前經過時，不要用屁股對人，並記得說謝「Danke！」。

陶醉在美妙的音色中

維也納少年合唱團與
古典音樂會

與歌劇同樣受歡迎的演出，就屬維也納少年合唱團及古典音樂會了。
有很多表演會場都可輕鬆前往觀賞，別擔心太多，試著去聽聽看吧。

天使的歌聲飄揚

維也納少年合唱團

前身為1498年馬克西米連一世
下令組成的宮廷禮拜堂專用少
年聖歌隊。合唱團成員皆為6～
14歲的少年，旗下分為莫札特
組、海頓組等4個小團。

1.合唱團團員約100名　2.在禮拜堂最高處（3
樓）展現美妙歌聲　3.在彌撒中合唱的主要為
10～13歲團員

別冊
MAP
P8A3
皇宮禮拜堂
Burgkapelle

巴洛克式的禮拜堂

位於霍夫堡內最古老的瑞士宮，維也納少年合唱團
會在每年9月第二週到隔年6月，9時15分一舉行的
週日彌撒中表演。由維也納愛樂管弦樂團負責演
奏。

入口位於皇宮寶物陳列館
上方

DATA　交Ｕ3號線Herrenga
sse站步行5分
☎01-5339927　時10～14時
（週五11～13時）　休週三、
四、六、日　金內部免費參觀
URLwww.hofmusikkapelle.
gv.at/（可預約門票）Ｅ

Check！　關於座位預約

若在當地，可於週五11～13時，15～17時於皇宮禮拜
堂售票窗口購買2天後的票。當日票於早上8時15分起
販售。也可在官方網站預約。若從國內，可傳真或電子
郵件預約。以英文或德文寫上希望觀賞日期、張數、座
位類別、姓名、住址後寄出，屆時再到窗口取票。座位
分為€9、€15、€25、€35四種等級，加上免費站席。
報名：住Hofburg,Schweiserhof 1010 Wien,Austria
FAX：01-533992775
E-mail：office@hofburgkapelle.gv.at

小小
資訊
　皇宮禮拜堂週日彌撒約有650個座位。不管哪個座位都看不太到合唱團的身影，但彌撒結束後，他們會到祭壇前表演。

古典音樂會

最高水準的演奏與音響效果

維也納每天都會有地方舉行音樂會。交響樂團的水準很高，在這裡可聽到高品質音樂演出。維也納交響樂團等熱門樂團的音樂會需儘早預約。

Check !

關於座位預約

可於各會場窗口及官方網站預約門票。城堡劇院及人民歌劇院也可在Culutural網站（→P41）預約。聖史蒂芬大教堂前有許多扮成莫札特的售票員，也可向他們購買，但要記得確認會場及音樂會內容。也可拜託飯店櫃檯代為購票。當日流程與歌劇大致相同。

環城大道周邊　別冊MAP P11C2　**維也納愛樂協會**
Musikverein

世界一流的音響設備

維也納愛樂管弦樂團的大本營，新年音樂會也在這裡舉行。裝潢華麗的大廳又名為「黃金大廳」，建築也特別設計過，可讓樂聲優美迴響。

DATA　交Ⓤ1、2、4號線Karlsplatz站步行4分　住Bösendorferstr. 12　☎01-5058190　導覽行程（英文）：⏰13時～，不需預約，7、8月時有所調整　休週日　金€6.50　〈座位數〉總座位數1744席（另有站席）Ⓔ

1.以金箔裝飾的「黃金大廳」
2.1870年建造，為法蘭茲·約瑟夫一世都市計畫的一環

環城大道周邊　別冊MAP P11D2　**維也納音樂廳**
Konzerthaus

多樣化的演出類型

與愛樂協會並列2大表演場地。維也納交響樂團的根據地，但除了古典樂，也會舉辦爵士、流行音樂等不同類型的表演。可容納人數較多，較容易買到票。1913年創建。

DATA　交Ⓤ4號線Stadtpark站步行5分　住Lothringerstr. 20　☎01-242002　劇院售票處：⏰9時～19時45分（週六～13時）　※開演前45分開放入場　休週日　〈座位數〉總座位數1808席　URLkonzerthaus.at/（可預約門票）Ⓔ

1913年建造。館內共有5個表演廳

郊區　別冊MAP P4A4　**美泉宮橘園**
Orangerie Schönbrunn

欣賞室內重奏表演

位於美泉宮境內，同時也是莫札特與薩利耶里一爭高下之地。終年皆有莫札特及小約翰史特勞斯的樂曲表演。

DATA　交Ⓤ4號線Schönbrunn站步行2分　住Schönbrunner Schloss Str. 47　☎01-8125004　⏰20時30分～　休不定休　金€42～126　〈座位數〉總座位數500席　URLwww.imagevienna.com/（可上網預約）Ⓔ

演出包括「藍色多瑙河」等非行家也能樂在其中的曲目

音樂愛好者無法抵擋的魅力

偉大音樂家們的相關景點

在因哈布斯堡家族興盛，帶動宮廷文化蓬勃發展的維也納，成為多位知名音樂家的活躍舞台。
一起走訪與莫札特和樂聖貝多芬等經典名曲之父深具淵源的景點吧。

莫札特

Wolfgang Amadeus Mozart
（1756～91年）
生於奧地利薩爾茲堡。孩童時期開始接受音樂教育，年僅3歲便具有絕對音感，到35歲去世之前創作出700首以上的名曲。

●聖史蒂芬大教堂周邊
維也納莫札特故居
Mozarthaus Vienna
別冊MAP●P9C2

名曲誕生之家

莫札特曾在此住過三年，並創作出歌劇『費加洛婚禮』。現為莫札特紀念館。

DATA ➡P50

展示莫札特親筆樂譜等

●聖史蒂芬大教堂周邊
聖史蒂芬大教堂
Stephansdom
別冊MAP●P9C2

舉行結婚典禮，充滿回憶之地

1782年，莫札特在此與單戀對象的妹妹，康絲坦茨‧韋伯舉行婚禮。

DATA ➡P33

●郊區
聖馬可墓園
Friedhof St. Marx
別冊MAP●P5C4

莫札特下葬於此

莫札特於1791年12月5日逝世。由於在沒有人送葬的情況下便埋葬於此，現在的墓塚所在地僅為推測地點。

登上入口正面的緩坡，左手邊就是墓碑

DATA 交⊤18、71號線St. Marx站步行8分　住Laber Str. 6-8　☎無　時6時30分～20時（10～3月為～18時）　休無　金免費

●郊區
美泉宮
Schloß Schönbrunn
別冊MAP●P4A4

御前演奏的地點

1762年，年僅六歲的莫札特在這裡的鏡廳，於瑪麗亞‧特蕾莎面前演出。演奏後他還吻了特蕾莎。

DATA ➡P22

© Schloss Schönbrunn Kultur und Betriebsges. m.b.H. / Alexander koller
水晶材質的大鏡子十分美麗

●皇宮周邊
維也納國家歌劇院
Staatsoper
別冊MAP●P10B1

啟用典禮上演出莫札特的作品

1869年落成的宮廷歌劇院。以莫札特作曲的『唐‧喬凡尼』慶祝開幕。

DATA ➡P40

小小資訊　維也納中央公墓0區還有以鋼琴練習曲聞名的徹爾尼，以及曾擔任宮廷樂隊長及愛樂協會指揮的薩利耶里之墓，地點在從第二門進去後靠左側外牆。

舒伯特

Franz Schubert
（1797～1828年）

生於維也納的作曲家。在少年聖歌隊
及皇家神學校就學時就展現天賦。創
作包括代表作『魔王』等多數歌曲。
31歲便英年早逝。

●環城大道周邊

城市公園

Stadtpark

別冊MAP●P9D4

公園內有維
也納唯一一
座舒伯特像

矗立眾多音樂家雕像

1862年在法蘭茲・約瑟夫一世的指示下完成。
園內有小約翰史特勞斯的雕像。　DATA ➡P52

DATA ➡P52

Check！

音樂家關係圖

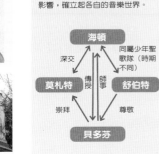

才華洋溢的音樂家們，受到彼此的
影響，確立起各自的音樂世界。

海頓

深交　　　　　同屬少年聖
　　　　　　　歌隊（時期
　　　　　　　不同）

莫札特　傳師　舒伯特
　　　　授事

崇拜　　　　　尊敬

貝多芬

貝多芬

Ludwig Van Beethoven
（1770～1827年）

生於德國波昂。師從海頓
等人，後以鋼琴家身分登
台表演。受失聽所苦的情
況下仍發表眾多大作。

●郊區

海利根施塔特遺書之屋

Heiligenstädter Testamenthaus

MAP●P49

留下遺書的住所

為聽障所苦的貝多芬
住在這裡靜養。因聽
力持續惡化感到絕望
下，他寫下了給弟弟
的遺書。

現為貝多芬紀念館

DATA ➡P49

海頓

Franz Joseph Haydn
（1732～1809年）

孩童時期活躍於少年聖歌
隊。快30歲時擔任名門貴
族家的宮廷樂隊長。代表
曲目為『四季』。

●聖史蒂芬大教堂周邊

Esterhazykeller

別冊MAP●P8A2

住在酒窖裡

聘用海頓為宮廷樂隊
長的名門貴族艾斯特
哈希家的酒窖。他在
這裡長住作曲。

邊喝酒邊作曲

DATA ➡P65

大師長眠之地

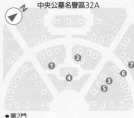

●郊區

維也納中央公墓

Zentralfriedhof

別冊MAP●P5D1

1874年建造，集合市區5處
墓園的地點。分為0到186
區，貝多芬等活躍於維也納
的知名音樂家就在名譽區
32A內長眠。

DATA 交Ⓣ71號線
Zentralfriedhof 2. Tor
步行4分
住Simmeringer Haupt
Str. 234 ☎01-
534690 時7～18時
（視季節而異）
休無 金免費

中央公墓名譽區32A

➊貝多芬
➋舒伯特
➌小約翰・
　史特勞斯
➍莫札特
　（紀念碑）
➎布拉姆斯
➏老約翰・
　史特勞斯
➐約瑟夫・
　史特勞斯

←第2門

穿越時空回到19世紀末

創新！實用！又美觀！
新藝術建築巡禮

新藝術建築是誕生於19世紀末，又稱為青年風格（Jugendstil）的建築藝術。
去除過多的裝飾，重視實用機能的創新建築，看再久也不會膩。

環城大道周邊 **別冊 MAP P10A2** **分離派會館**
Secession

分離派活動據點

作為分離派活動據點的建築。設計者為分離派創始會員奧布里希。被戲稱為「金色高麗菜」的月桂冠造型圓頂，以及動植物圖案裝飾十分醒目。絕不能錯過地下展示室的克林姆壁畫『貝多芬之牆（→P34）』。

DATA 交 U1.2.4號線Karlsplatz站步行3分
住Friedrich Str. 12 ☎01-5875307 時10～18時
休週一 金€9 E

設計師／落成年
約瑟夫・馬里亞・奧布里希
（1898年）

1.建築正面有分離派的標語 2.牆上的貓頭鷹雕刻

環城大道周邊 **別冊 MAP P10B2** **卡爾廣場地鐵站**
Pavillon Karlsplatz

金×綠拱型屋頂十分醒目的車站

白牆上畫著金色向日葵裝飾的2棟車站建築，為華格納設計的36座市營地鐵設施之一。目前已不具車站功能，其中一棟作為奧圖・華格納博物館，另一棟則是咖啡廳。

DATA 交 U1.2.4號線Karlsplatz站步行1分
住Karlsplatz ☎01-5058747-85177 時10～18時
休週一，11～3月 金€4（第1週日免費）E

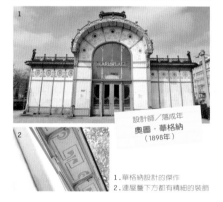

設計師／落成年
奧圖・華格納
（1898年）

1.華格納設計的傑作
2.連屋簷下方都有精細的裝飾

Check！

何謂新藝術建築？

19世紀末～20世紀初相當盛行的「Jugendstil（德語的青年風格）」建築風格。與巴洛克及洛可可等強調歷史主義的建築不同，是由年輕建築師興起的新建築風格。使用繽紛的色彩與大自然為主題的裝飾，採用自然流線的曲線等大膽嘗試，並強調實用性。

《主要建築師》

奧圖・華格納
新藝術建築的代表性建築師。特色為自然圖樣的裝飾。1841～1918年。

阿道夫・路斯
追求減少裝飾的實用主義，奠定日後現代主義的基礎。1870～1933年。

奧斯卡・拉斯可
安格藥局的設計師。華格納的學生。1874～1951年。

法蘭茲・麥希
分離派藝術家，克林姆的好友。1861～1942年。

約瑟夫・馬里亞・奧布里希
建築師，華格納在藝術學校的學生。1867～1908年。

小小知識 活躍於1980年代的建築師百水先生Hundertwasser（1928～2000年）也生於維也納。設計中使用大量曲線，被譽為維也納的高第。維也納藝術之家（→P53）等就是出自他之手。

聖史蒂芬大教堂周邊 | 別冊 MAP P9D2

別冊 MAP

郵政儲蓄銀行
Postsparkasse

設計師／落成年
奧圖・華格納
（1912年）

美麗的巨型玻璃天花板

現代建築的先驅

知名的維也納現代建築先驅。融入玻璃帷幕天花板、鋼筋混凝土、鋁等新元素，是劃時代的設計。

DATA　交Ⓤ1・4號線Schwedenplatz站步行4分
住Georg-Coch-Platz 2　☎01-53453-33088
時8～15時（週四～17時30分，週六～17時）
休週日　金博物館€6（大廳免費參觀）

聖史蒂芬大教堂周邊 | 別冊 MAP P9C1

安卡時鐘
Ankeruhr

設計者／完成年
法蘭茲・麥希
（1917年）

歷代偉人陸續登場

設置在連接2棟建築之間通道處的機關鐘。歐根親王、瑪麗亞・特蕾莎、海頓等12位偉人會順時鐘移動並報時。

正午時12個人像都會出來露面

DATA　交Ⓤ1・3號線Stephansplatz站步行5分
住Hoher Markt 10-11

環城大道周邊 | 別冊 MAP P13B4

黃金紀念大樓&馬約利卡大樓
Medaillon Mansion & Majolikahaus

設計師／落成年
奧圖・華格納
（1899年）

1

彩色花紋與金色裝飾搭配絕妙

華格納設計的集合住宅。使用義大利馬約利卡Majolica製磁磚裝飾的馬約利卡大樓，以及雕有女性頭像金牌而閃閃發光的黃金紀念大樓2棟相鄰。

DATA　交Ⓤ4號線Ketternbruckengasse站步行2分
住Linke Wienzeile 38&40

1.金牌上的女性頭像表情各有不同，四周有植物圖樣　2.貼上彩色磁磚的馬約利卡大樓
3.由於是住宅大樓，內部不開放參觀

2

皇宮周邊 | 別冊 MAP P8A1

安格藥局
Engel Apotheke

設計師／落成年
奧斯卡・拉斯可
（1902年）

彩繪磁磚天使像為地標

維也納現存最古老的藥局，1902年改建為青年風格。牆上畫的天使高舉藥杯。

DATA　交Ⓤ3號線
Herrengasse站步行3分
住Bognergasse 9

牆上有藥學的象徵蛇圖騰

皇宮周邊 | 別冊 MAP P8A2

羅斯館
Looshaus

設計師／落成年
阿道夫・路斯
（1911年）

簡約的設計

無裝飾的白牆以及無窗簷的窗戶等，由於實在太過簡約，當時曾引來有礙市容的非議。

1.店面樓層外有壁燈
2.下半部為店面，上半部為集合式住宅

1

DATA　交Ⓤ3號線Herrengasse站步行3分
住Michaelerplatz 9

盡情享受綠意盎然的
維也納森林與小酒館

維也納的郊區有一片稱為維也納森林的丘陵地。
其中的海利根施塔特與格林琴區有許多步道及小酒館。

維也納森林是？

維也納市區西北邊往南延伸，大自然豐饒的丘陵
地帶。其中北邊的海利根施塔特一帶以貝多芬居
住的小鎮聞名。此外，這裡也是自古以來小酒館
（Heuriger）雲集的熱門區域。

1. 懸吊在屋簷
下的松樹枝為
小酒館的標誌
2. 熱鬧的小酒
館。許多人傍
晚會到此享受
悠閒時光

 散步道 | MAP P49 | ## 貝多芬小徑
Beethovengang

有小溪流經的夢幻散步小徑

沿著史萊伯溪的幽靜小徑，據說貝多芬在小徑上
散步時，得到第六號交響曲『田園』的靈感。長
約300公尺的散步道盡頭立有貝多芬的紀念半身
像。

1. 貝多芬經常
在這條小徑上漫
步 2. 廣場上
有紀念半身像

DATA 交U4號線Heiligenstadt站搭乘38A巴士5分，
Armbrustergasse站下車，步行20分 住Beethovengang

 觀景地點 | 別冊 MAP P5D1 | ## 卡倫山
Kahlenberg

將多瑙河與維也納市區盡收眼底

可遠望維也納市區與多瑙河美景的地點。山丘上
座落著教堂與數間咖啡廳。從卡倫山搭乘38A路
公車往前兩站可抵達利奧波德山觀景台，那裡是
眺望多瑙河美景的最佳地點。

DATA 交U4號線Heiligen
stadt站搭乘38A巴士25分，
Kahlenberg站下車即到
住Kahlenberg

1. 可看到海利
根施塔特葡萄
園全景 2. 紀
念照拍攝景點

 小小知識　小酒館的德文Heurige，意思是「今年的葡萄酒」和「供應新釀葡萄酒的酒館」。
餐點採自助式，自行從吧檯的櫥窗中挑選。飲料則向負責客席的工作人員點選。

紀念館 | MAP P49

海利根施塔特遺書之屋
Heiligenstädter Testamenthaus

貝多芬留下遺書的故居

因失聰而對人生感到絕望的貝多芬，於1802年10月在住居寫下給兩個弟弟的遺書。在兩間相鄰的簡樸房間中，展出親筆遺書的副本以及他的日常用品。

1.遺書副本。信並未送出，在貝多芬死後被發現
2.售票櫃台位於入口出中庭處的中層樓

```
DATA  交Ⓤ4號線Heiligenstadt站
搭乘38A巴士，Armbrustergasse站
下車，步行4分  住Probusgasse 6
☎01-3705408
時10～13時、14～18時  休週一
金€4（第1個週日免費）
```

小酒館 | MAP P49

Kronprinz Rudolfshof

受到名人喜愛的老店

位於海利根施塔特鄰鎮的格林琴，過去佛洛伊德與榮格都曾造訪的店家。賣點為寬敞的中庭以及美味的燒烤菜色。杯裝葡萄酒€3.80。黃色建築十分醒目。

```
DATA  交Ⓣ38號線Grinzing站步行2分
住Cobenzl gasse 8  ☎01-3202108
時15～23時（週六、日13時）  休無 Ⓔ Ⓔ
```

1.建築物前方為咖啡廳
2.串烤豬肉、牛肉、烤蘋果€16.50

小酒館 | MAP P49

Weingut Werner Weiser

傳統淳樸的小酒館

海利根施塔特遺書之屋隔壁，改建自古老葡萄農家建築、氣氛十足小酒館。盛裝菜餚的盤子是奧地利西北部鹽湖地區的格蒙登陶器。杯裝葡萄酒€3～。

```
DATA  交Ⓤ4號線Heiligenstadt站搭乘38A巴士，Armbr
ustergasse站下車，步行4分  住Probusgasse 12
☎01-3189797  時15時30分～23時30分  休無 Ⓔ Ⓔ
```

1.葡萄藤下的露天座位 2.3.4.5.點四道菜約€16～17左右。左起為馬鈴薯與豆子沙拉、涼拌蕃茄與四季豆、烤豬肉、炸蘑菇

海利根施塔特遺書之屋
史策伯溪
貝多芬小徑
Kronprinz Rudolfshof
Beethovengang
Erolagasse
Grinzing
Langacker Str.
Grinzing
（路面電車38號線）
Sandgasse
Grinzinger Str.
Armbrustergasse
Weingut Werner Weiser
卡倫山
N
0 300m
Heiligenstadt站

Check！ Access

地鐵4號線Karlsplatz站出發約25分，終點站Heiligenstadt站下車。從車站轉乘38A路公車。或從地鐵2號線Schottentor站轉乘路面電車38號線於Grinzing站下車。

音樂、藝術、歷史建築大集合

還有更多
維也納觀光景點

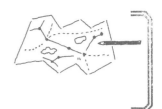

舊城區，以及環城大道周邊有許多美術館及博物館等可以好好參觀的觀光景點。
不妨搭乘電車及地鐵有效率地觀光吧。

教堂　別冊MAP P8B4

●皇宮周邊
卡普欽納教堂
Kapuzinerkirche

哈布斯堡家族長眠的納骨堂

1632年興建的卡普欽教派修道院的教堂，也是哈布斯堡家族世代的墓地，地下室安置瑪麗亞‧特蕾莎、法蘭茲‧約瑟夫一世、伊莉莎白、魯道夫皇太子等，馬蒂亞斯皇帝後共12位皇帝與19位皇后等共149名家族遺骨。

- -
DATA　交①1、3號線Stephansplatz站步行5分　住Neuer Markt　☎01-5126853　時7～20時（納骨堂為10～18時）
休無　金納骨堂€5.50

1.瑪麗亞‧特蕾莎與法蘭茲一世的合葬棺木　2.也有瑪麗亞‧特蕾莎之母的棺木

劇院　別冊MAP P12B2

●皇宮周邊
城堡劇院
Burgtheater

不要錯過克林姆的穹頂畫

建於約瑟夫二世時期，於1888年遷移至現址。外觀為新巴洛克樣式，裝潢則採法國巴洛克風格，十分富麗堂皇。

DATA　交①D、1、71號線RathausplatzBurgtheater站步行1分　住Dr.-Karl-Lueger-Ring 2　☎0664-2038236

教堂　別冊MAP P8B2

●聖史蒂芬大教堂周邊
聖彼得教堂
Peterskirche

美麗的巴洛克式教堂

建於9世紀，維也納第二古老的教堂。可仔細欣賞內部的巴洛克風格裝潢及薩爾茲堡畫家羅特邁爾所繪的穹頂畫。

DATA　交①U1、3號線Stephansplatz站步行3分　住Petersplatz 1
☎01-5336433
時7～19時（週六、日9～20時）
休無　金免費

博物館　別冊MAP P9C2

●聖史蒂芬大教堂周邊
維也納
莫札特故居
Mozarthaus Vienna

莫札特的住家

莫札特自1784年起住了三年的建築，現改為博物館對外開放。展覽內容每3～4個月更換一次，常設展品有親筆樂譜及書信副本。

- -
DATA　交U1、3號線Stephansplaz站步行3分
住Domgasse 5　☎01-5121791　時10～19時　休無
金€10（和維也納音樂博物館的套票€17）　E

1.莫札特的住家位於2樓，共有6個房間　2.知名歌劇『費加洛婚禮』就是在這裡完成的

小小資訊　莫札特自1781年起至去世的十年間，在維也納市內不斷搬家，目前僅剩下維也納莫札特故居一處保存當時風貌。他最後的住處現為Steffl商店（→P74）。

博物館　別冊MAP P11C1
●聖史蒂芬大教堂周邊

維也納音樂博物館
Haus der Musik Wien

可以多種方式享受音樂

設有可指揮螢幕上維也納愛樂管弦樂團的虛擬實境體驗區，館內還展示了知名作曲家的衣服與資料等。

DATA　交①1、2、4號線Karlsplatz站步行6分　住Seilerstätte 30　☎01-5134850　時10～22時　休無　金€12（和維也納莫札特故居的套票€17）E

廣場　別冊MAP P13B1
●MQ周邊

瑪麗亞‧特蕾莎廣場
Maria-Theresien-Platz

女皇雕像威風凜凜

位於藝術史博物館及自然史博物館間的廣場。廣場中央有瑪麗亞‧特蕾莎女皇雕像，雕像側面還可看到小莫札特。

DATA　交①D、1、2、71號線Burgring站步行2分
住Maria Theresien Platz
時休自由參觀

國會大廈　別冊MAP P12A2
●環城大道周邊

國會大廈
Parlament

由女神雅典娜守護的城市

模仿民主主義發源地希臘的古希臘風格神殿建築。位於正面的噴水池上有智慧女神雅典娜的雕像。1883年落成。

DATA　交①2、3號線Volkstheater站步行5分　住Dr.-Karl-Renner-Ring 3
☎01-401102400　導覽行程：時11～16時（1日4～6次）　休週日、國會會期（會變動）　金€5 E

教堂　別冊MAP P6A1
●環城大道周邊

感恩教堂
Votivkirche

高聳入天的2座尖塔十分醒目

為慶祝遭受暗殺的法蘭茲‧約瑟夫一世平安生還，於1853年建造的新哥德式建築。內部的彩繪玻璃十分壯觀。

DATA　交①2號線Schottentor站步行5分　住Rooseveltplatz
☎01-4061192　時9～13時、16～18時（週日～13時）　休週一
金免費

博物館　別冊MAP P4B4
●瑪麗亞希爾費大街

宮廷家具博物館
Hofmobiliendepot Möbel Museum Wien

展出和哈布斯堡家族相關的家具

原本為皇帝一家存放家具的倉庫。現展出瑪麗亞‧特蕾莎的母親用過的輪椅、法蘭茲‧約瑟夫一世的王座等，展品豐富、內容充實。

DATA　交①3號線Zeiglergasse站步行3分　住Andreasgasse 7
☎01-5243357　時10～18時
休週一　金€9.50 E

博物館　別冊MAP P12B4
●MQ周邊

自然史博物館
Naturhistorisches Museum

擁有豐富自然科學相關展品

以瑪麗亞‧特蕾莎的丈夫法蘭茲一世的收藏為中心，擁有包括恐龍化石、動物標本、多瑙河畔出土物等約4萬件館藏。

DATA　交①D、1、2、71號線Dr.-Karl-Renner-Ring站步行2分
住Burgring 7　☎01-521770
時9時～18時30分（週三～21時）
休週二　金€10 E

市政廳　別冊MAP P12A1
●環城大道周邊

市政廳
Rathaus

新哥德式建築的市政廳

包含高98公尺的中央尖塔在內，共立有五座尖塔的市政廳。建於1872～83年。正前方的廣場上會舉辦音樂會、聖誕市集等多種活動。

DATA　交①2號線Rathaus站步行2分　住Friedrich-Schmidt Platz 1
☎01-52550　導覽行程：時議會會期外的週一、三、五13時～
金免費 E

博物館　別冊MAP P6B1
●環城大道周邊

佛洛伊德紀念館
Sigmund-Freud-Museum

了解佛洛伊德博士的研究

將精神分析學說的始祖，西格蒙德‧佛洛伊德故居改為紀念館對外開放。館內重現候診室與診療室，還可閱讀佛洛伊德的著作。

DATA　交①2號線Schottentor站步行7分　住Berggasse 19
☎01-3191596　時10～18時
休無　金€9 E

●環城大道周邊

市場 別冊 MAP P10A3

納許市集
Naschmarkt

總是充滿朝氣的維也納市民廚房

長約1公里的露天市場，狹窄的巷弄兩側林立著販售蔬果、麵包、起司等專賣店。還有土耳其烤肉、香腸等外帶美食，以及葡萄酒吧。附近每週六、日早上7時起會有跳蚤市場（雨天停辦），總是擠滿了前來挖寶的人。

1. 市場內有餐廳與咖啡廳，可在此小憩
2. 新鮮的當季蔬菜與水果種類豐富

- -
DATA　交U4號線Kettenbrückengasse站步行即到
時6時30分～18時左右（視店家而異）　休週日

●環城大道周邊

教堂 別冊 MAP P10B3

卡爾教堂
Karlskirche

維也納巴洛克建築的代表教堂

1713年紀念黑死病疫情平息，卡爾六世下令建造的教堂。設計師為巴洛克建築大師費雪・范・艾爾拉赫父子。圓頂天花板上的濕壁畫與聖彼得教堂（→P50）的穹頂畫同為羅特邁爾的作品。

1. 一對圓柱及巨大圓頂為其特色
2. 以祭壇壁畫與雕刻裝飾的主祭壇。守護聖人為博羅梅奧

- -
DATA　交U1、2、4號線Karlsplatz站步行4分
住Karlsplatz　☎01-5056294　時9～18時（週日12時～19時30分）　休無　金€8

●環城大道周邊

美術館 別冊 MAP P10A2

造型藝術學院繪畫館
Akademie der bildenden Künste Gemäldegalerie

位於美術學院內的藝廊

位於埃貢・席勒等多位藝術家就讀的美術學院內。波希、魯本斯等荷蘭畫家畫作及法蘭德斯畫派相關館藏豐富。

- -
DATA　交U1、2、4號線Karlsplatz站步行3分　住Schillerplatz 3　☎01-58816225　時10～18時
休週一　金€8 E

●環城大道周邊

公園 別冊 MAP P9D4

城市公園
Stadtpark

小約翰史特勞斯雕像為公園地標

1862年開園。維也納河流經公園中央，綠意盎然的園內，座落著小約翰史特勞斯、舒伯特等音樂家的雕像。

- -
DATA　交U4號線Stadtpark站，U3號線Stubentor站，T1、2、D號線Weihburggasse站步行1分
住Parkring
時金自由參觀

●環城大道周邊

博物館 別冊 MAP P9D3

應用美術館（MAK）
Österr. Museum für angewandte Kunst

結合工藝與藝術的精彩展品

展出維也納工坊設計的家具、青年風格的擺設等，依時代及風格分別展示各種美術工藝品。還有克林姆壁畫的草稿。

- -
DATA　交U3號線Stubentor站步行2分　住Stubenring 5　☎01-711360
時10～18時（週二～22時）　休週一
金€7.90（週二18～22時免費）E

●環城大道周邊

建築 別冊 MAP P7D2

百水公寓
Hundertwasserhaus

建築師百水先生設計的市營公寓

有維也納高第美譽的近代建築設計師百水先生第一座建築作品。1986年完工，內部不開放參觀。

- -
DATA　交T1號線Hetzgasse站步行3分　住Kegelgasse 34-38, Löwengasse 41-43
時休僅外觀可自由參觀

小小知識

在進美術館、博物館參觀前，可先將大件行李及大衣放在寄物處（貴重物品請隨身攜帶）。取回物品時給點小費€0.8～1較有禮貌。

52

維也納藝術之家
美術館｜別冊MAP P7D2｜●環城大道周邊
Kunsthaus Wien

實際感受建築師百水先生的世界觀

建築師百水先生設計的美術館。除了有畫作與模型等的常設展，還會舉辦現代美術特展。設計獨特新穎的咖啡廳、餐館「TIAN」、美術館商店也都很受歡迎。

DATA 交①1、O號線RadezkyPlatz站步行5分
住Untere Weißgerber Str. 13 ☎01-7120491
時10〜19時 休無 金€10 E

1.大量使用曲線、色彩繽紛的設計為一大特色
2.可在餐廳享用美食，有露天座位

21世紀館
美術館｜別冊MAP P5C4｜●環城大道周邊
21er Haus

奧地利的現代藝術美術館

以特展方式介紹雕刻家Fritz Wotruba的作品等1945年後的現代藝術品。

DATA 交①D號線Sudbahnof/Ostbahn站步行3分 住Arsenalstr. 1
☎01-79557707 時11〜18時（週三、四〜21時） 休週一、二 金€7（和貝維德雷宮上宮、下宮（→P34）的套票€22.50） E

奧加登宮
工坊｜別冊MAP P5C2｜●郊區
Augarten

歷史悠久的皇家御用瓷器工坊

1645年興建的宮廷狩獵用行館。目前為專為哈布斯堡家族製作瓷器的奧加登瓷器工坊及博物館，有商店。

DATA 交①31號線ObereAugentenstraße站步行2分 住Obere Augarten Str. 1 ☎01-21124200 時10〜18時
休週日（工坊內部參觀為週一〜五1天2次） 金€12（博物館及工坊套票） E

多瑙塔
瞭望台｜別冊MAP P5C1｜●環城大道周邊
Donauturm

高252公尺的瞭望塔

矗立在多瑙公園，號稱維也納最棒的觀景地點。除了餐廳、咖啡廳，頂樓還有觀景台。是熱門的夜景景點。

DATA 交①1號線Kaisermuhlen-VIC站轉乘20B號線巴士，Donauturm站下車步行5分 住Donauturm Str. 4
☎01-2633572 時10〜24時
休無 金觀景台€7.40 E

普拉特公園
公園｜別冊MAP P7D1｜●郊區
Prater

搭乘大摩天輪一覽市區美景

曾是哈布斯堡家族獵場的森林，1766年在約瑟夫二世指示下，開放一般市民參觀。園內有高約65公尺的古老大摩天輪。

DATA 交①U1、2號線Praterstern站步行8分 住Prater
☎01-7295430 摩天輪：時9〜22時（視季節而異） 休無
金€9（公園免費入園） E

聖馬可墓園
墓園｜別冊MAP P5C4｜●郊區
Friedhof St. Marx

莫札特長眠之地

莫札特之墓就位於閑靜住宅區內的公墓裡。此外，約翰‧史特勞斯的舊墓碑（現已遷葬到維也納中央公墓）也在這裡。

DATA 交①18、71號線St. Marx站步行12分 住Leber Str. 6-8
時6時30分〜20時（10〜3月為〜18時） 休無 金免費

維也納中央公墓
墓園｜別冊MAP P5D1｜●郊區
Zentralfriedhof

各界知名人士長眠的廣闊公墓

1874年建造，合併五處墓園的公墓。包括樂聖（→P44）在內，有多位藝術家、作家、學者等活躍於維也納的偉人在此長眠。

DATA 交①71 Zentralfriedhof 2.Tor站步行4分 住Simmeringer Haupt Str. 234 ☎01-53469
時7〜18時（視季節而異）
休無 金免費

在超有名2大咖啡廳品嘗道地的薩赫蛋糕

誕生自維也納的薩赫蛋糕遠近馳名，有巧克力蛋糕之王的美譽。
既然要吃，不如歷史悠久的兩家名店品嘗看看看吧？

巧克力
濃醇的甘甜與香氣撲鼻

鮮奶油
滑順的無糖鮮奶油

海綿蛋糕
濕潤的口感，份量十足

果醬
酸甜的杏桃果醬

元祖薩赫蛋糕
Original Sachertorte
€5.30
特色為三層巧克力海綿蛋糕中間有杏桃果醬夾心

皇宮周邊｜別冊 MAP P8B4

Café Sacher

薩赫蛋糕創始店

位在五星級飯店「Sacher」的1樓。1832年由年僅16歲的法蘭茲‧薩赫研發的薩赫蛋糕大受好評，讓該店成為維也納最具代表性的咖啡廳。深紅色的地毯與水晶吊燈等，讓店裡洋溢古典氣息。

DATA 交ⓉD、1、2、71號線Kärntner Ring, Oper站步行1分 住ⒽSacher（→P82）1F ☎01-51456661 時8～24時 休無
Ⓔ Ⓔ

\ 伴手禮就選這個！/

放在復古鐵罐中的熱巧克力粉€10.90

木盒裝的薩赫蛋糕。Piccolo尺寸（直徑12cm）€21.90

1.普是上流階級的社交場所 2.入口右手邊的空間設有展示櫃 3.進入法蘭茲的兒子所創的飯店

---

and more... **加碼推薦的蛋糕**

聖史蒂芬大教堂周邊｜別冊 MAP P11C2

克林姆蛋糕
Klimt torte
€4.30

Café Schwarzenberg

1861年創業，環城大道邊第一家咖啡廳。維也納工坊的創辦人約瑟夫‧霍夫曼時常造訪，並在此設計出眾多作品。

DATA 交ⓉD‧2‧71號線Schwarzenbergplatz站步行1分 住Kärntner Ring 17 ☎01-5128998 時7時30分～24時（週六、日8時30分～）休無 Ⓔ Ⓔ

1.蛋糕上有克林姆畫作圖樣的巧克力
2.店裡使用約瑟夫‧霍夫曼設計的椅子

小小知識 Demel的點餐方式，是在櫃檯前選擇想吃的蛋糕，店員會幫寫有商品名稱的單子交給你。入座後將單子交給負責該桌的店員即可，飲料也是在這時點。

薩赫蛋糕的歷史

薩赫蛋糕的作法當初為獨門私房配方，只能在薩赫飯店吃到。1930年代飯店經營困難，為了週轉資金將販售權讓渡給Demel。但之後又為了爭商標展開一連串官司。1962年時法院判決「兩店皆可販售蛋糕，但僅薩赫飯店可以使用元祖Original一詞」。

**招牌
薩赫蛋糕**
Demels Sachertorte
€4.10（鮮奶油另計€0.80）
海綿蛋糕抹上杏桃果醬，蛋糕整體口味不會過度甜膩。

鮮奶油
無糖鮮奶油。口味偏濃

巧克力
有點偏甜但不膩

果醬
酸味明顯的杏桃果醬

海綿蛋糕
鬆軟的口感

伴手禮就選這個！

名為「貓舌」的牛奶巧克力
€21

可愛的復古包裝巧克力
共有5種不同口味€32

皇宮
周邊

別冊
MAP
P8A2

Demel

帝后時常造訪的甜點店

位於皇宮聖米歐爾門旁，當年法蘭茲‧約瑟夫一世與伊莉莎白夫妻也常造訪，是名符其實的皇室御用咖啡廳。店內裝潢為仿19世紀末咖啡館的優雅風格，十分受歡迎，要有人多的心理準備。

DATA　交①3號線Herrengasse站步行3分
住Kohlmarkt 14　01-53517170
時9～19時　休無　G E

1.2樓用餐區氣氛寧靜舒適　2.伴手禮專區在入口處右側　3.也有單面三明治1個€1.70～等輕食

帝國蛋糕
Imperialtorte
€5

環城大道
周邊

別冊
MAP
P11C2

Café Imperial

1863年開業，位於維也納帝國飯店內。據說是為法蘭茲‧約瑟夫一世特製的帝國蛋糕相當聞名。

DATA　交①D‧2‧71號線Schwarzenbergplatz站步行1分　住H Imperial（→P82）1F　☎01-50110389
時7～23時　休無　G E

1.以杏仁膏包裹巧克力杏仁蛋糕，外層裹著牛奶巧克力
2.位於飯店1樓

咖啡文化的發祥地維也納

在老字號咖啡廳度過幸福時光

文化人與藝術家在此交流暢談，並催生新文化的維也納咖啡廳。
以下從至今仍深受維也納人喜愛的老咖啡廳中，精選出傳說中的名店。

 Café Central

皇宮周邊　別冊MAP P8A1

**大文豪與藝術家經常光顧
宮殿內的咖啡館**

1876年開張，改建自費爾斯特宮部份空間的咖啡廳。深受法蘭茲‧卡夫卡、艾頓柏格等多位文豪喜愛，特別是艾頓柏格甚至常在該店待上一整天。現在店家一角也放著艾頓柏格的塑像。

DATA
交 U 3號線Herrengasse站步行1分
住 Herrengasse 14
☎ 01-533376324
時 7時30分〜22時（週日10時〜）　休 無
☑諳英語的工作人員　☑英文版菜單　□需預約

1.連續的拱形天花板與大理石柱十分壯觀

也提供早餐套餐€8.20！

2.橘子口味海綿蛋糕裏上黑巧克力的招牌蛋糕€4.20
3.艾斯班拿咖啡€4.80

瑪麗亞希爾費大街　別冊MAP P13B3

Café Sperl

**分離派成員集會之地
復古的內部裝潢**

位在分離派會館附近，建築師約瑟夫‧霍夫曼、奧布里希等分離派的成員都是該店過去的常客。店裡完整保留1880年創業當時的裝潢，還可看見傳統咖啡廳必備的撞球檯。

1.店裡仍保存新藝術風格時代的家具及玻璃窗

DATA
交 U 2號線Museumsquartier站步行6分
住 Gumpendorfer Str. 11
☎ 01-5864158　時 7時〜22時30分（週日11〜20時）　休 7、8月的週日
☑諳英語的工作人員　☑英文版菜單　□需預約

第5代老闆舒塔伯先生

2.菜單選擇豐富。香草烤雞€8.90（視季節更動）　3.Sperl Schnitte（巧克力蛋糕）€3.20

小小知識

維也納咖啡廳從早上7、8時一直營業至深夜，由於餐點及酒類都有多種選擇，推薦可當作餐廳及酒吧利用。早餐與午餐套餐十分划算。

Café Museum
`MQ周邊` `別冊 MAP P10A2`

分離派畫家曾造訪的咖啡廳

克林姆與席勒初次見面的知名咖啡廳。1899年創業時負責裝潢的是新藝術派建築師阿道夫‧路斯。2010年重新改建，現今採用的是1931年約瑟夫‧索提的設計。

也提供當季蛋糕喔！

DATA
交⒰1、2、4號線Karlsplatz站步行2分
住Operngasse 7
☎01-24100620
時8～24時　休無
☑諳英語的工作人員　☑英文版菜單　□需預約

1.創業超過110年的老字號　2.有大量奶泡的米朗琪咖啡€4.90　3.栗子蛋糕€5.80

Café Mozart
`皇宮周邊` `別冊 MAP P8B4`

曾在知名電影中登場的咖啡廳

1794年創業的咖啡廳，天花板上吊掛的水晶吊燈等十分壯觀。鄰近國家歌劇院，公演前後常有不少人造訪。曾在以維也納為背景的電影『黑獄亡魂』中登場，十分出名。

露天座位也很推薦！

DATA
交⒰1、2、4號線Karlsplatz站步行5分
住Albertinaplatz 2
☎01-24100210
時8～24時　休無
☑諳英語的工作人員　☑英文版菜單　□需預約

1.挑高天井形成開闊空間　2.中間是開心果慕斯的莫札特蛋糕€5.50　3.加入柑橘酒的瑪麗亞特蕾莎咖啡€8

Café Hawelka
`聖史蒂芬大教堂周邊` `別冊 MAP P8B3`

保持創業當時原貌的店家

1939年創業以來不曾經過任何改裝的青年風格裝潢。1950年代時成為前衛藝術家的聚集場所，建築師百水先生也曾是常客之一。

一直營業到凌晨喔！

DATA
交⒰1、3號線Stephansplatz站步行3分
住Dorotheergasse 6
☎01-5128230
時8～24時（週日、假日10時～）　休週二
☑諳英語的工作人員　☑英文版菜單　□需預約

1.傳統風格的咖啡廳內陳列著報紙
2.鮮奶油濃縮黑咖啡€4.30
3.熱賣的布夫特爾（蒸麵包）20時起供應。
1個€2（1次至少需買5個）

茜茜公主喜愛的甜點及各種經典甜食

在咖啡廳小歇一會
蛋糕 & 咖啡圖鑑

隨著哈布斯堡家族興盛而誕生的維也納，擁有獨特的甜點及19世紀盛行的咖啡文化。
本頁為您精選了咖啡廳的必點甜點。

● 奧地利蘋果捲
Apfelstrudel

在桿得薄薄的派皮中捲入蘋果及肉桂烤成的傳統甜點。有些店還會加入葡萄乾。

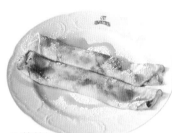

有嚼勁的口感！

甜點
Dessert

酪農業發達的環境，結合宮廷文化中孕育出的甜點製作傳統，醞釀出眾多風味絕佳又具層次的美味甜點。

● 薄煎餅
Palatschinken

原本是羅馬尼亞的可麗餅，經匈牙利傳入維也納。一般會淋上杏桃果醬或巧克力醬。

● 茜茜蛋糕
Sisi Törtchen

蛋糕頂端裝飾伊莉莎白最愛的糖漬紫羅蘭。精緻小巧的蛋糕。

● 方形奶油蛋糕
Cremeschnitte

在酥脆的派皮中間夾進柔軟香草奶油的千層蛋糕。

● 艾斯特哈齊蛋糕
Esterhazyschnitte

用巧克力描繪匈牙利貴族艾斯特哈齊家族的家徽。蛋糕本身為榛果風味。

清爽的口感

● 皇帝煎餅
Kaiserschmarren

在一口大小的鬆餅上撒上糖粉。常搭配果醬一起享用。深受法蘭茲‧約瑟夫一世的喜愛。

● 鮮乳酪酥皮派
Topfengolatsche

在泡芙皮中注入Topfen（鮮乳酪）與鮮奶油，類似泡芙的傳統甜點。特徵是起司清爽的酸味。

● 薩赫蛋糕
Sachertorte

維也納最具代表性的巧克力蛋糕。在許多店都可吃到，創始店Café Sacher的杏桃醬為最大特色。

小小資訊 除了上述蛋糕，在蛋白霜餅與海綿蛋糕間夾入鮮奶油的蛋糕「Kardinalschnitte」與放入鮮奶油起司的起司派「Topfenstrudel」等也很受歡迎。

● 黑咖啡
Mocca / Schwarzer

濃郁帶苦味的黑咖啡。一般分成兩種大小,大杯為Grosser,小杯為Kleiner。

● 維也納冰咖啡
Wiener Eiskaffee

在冰黑咖啡上加上香草冰淇淋及鮮奶油,近似甜點的咖啡。最適合酷熱的夏天。

● 艾斯班拿咖啡
Einspänner

黑咖啡加上鮮奶油。就是國內所謂的維也納咖啡,但原文的意思是「單駕馬車」。

● 米朗琪咖啡
Melange

由黑咖啡與打出奶泡的熱牛奶一比一調合而成。是維也納最受歡迎的咖啡,幾乎所有的咖啡店都有供應。

咖啡
Kaffee

咖啡的種類十分多樣。但事實上這裡並沒有名為維也納的咖啡,有些咖啡名稱也與國內不同,用手指點餐比較不會出錯。

● 瑪麗亞·特蕾莎咖啡
Maria Theresia

在熱黑咖啡中加上柑橘酒及鮮奶油的香濃咖啡。容易酒醉的人請特別留意。

稍微成熟的味道

● 方濟各會咖啡
Franziskaner

將米朗琪咖啡裡的牛奶改成鮮奶油。由於鮮奶油沒有甜味,可加入適量砂糖調整口味。

● 倒置咖啡
Verkehrt

意思為「顛倒」,在牛奶上加上少量的黑咖啡,又稱為白咖啡。

咖啡廳小知識

● 水是免費的

在國外相當少見的習慣,點了咖啡便會附上一杯水。據說是19世紀末維持到現在的習慣。雖說是自來水,但因為是來自阿爾卑斯山脈的水,以美味聞名。

● 有多種店家原創蛋糕

在咖啡廳的櫥窗中會陳列許多美味的蛋糕。每間店都有自己的原創蛋糕,像是Café Central(→P56)就有一款名為『Central Torte』的店名招牌蛋糕。

● 可單獨加點鮮奶油

薩赫蛋糕搭配不甜的鮮奶油會讓口感更柔和滑順。有些咖啡廳需要另外單點,若要加點就選「mit Sachne」,不需加點則是「ohne Sane」。

● 咖啡廳的輕食也是個亮點

雖說大家常把焦點放在咖啡廳的甜點和咖啡,但有些店家會提供早餐、午餐套餐、單點菜餚等多種選擇。有些店很早就開始營業,早餐時不妨利用看看。

隨著王朝的歷史發展而來

維也納的三大
傳統名菜就在這裡！

說到維也納三大傳統名菜，就非 "維也納清燉牛肉"、"匈牙利燉肉"、"維也納炸肉排" 莫屬。雖說在市區許多地方都吃得到，但本頁介紹的是特別得到好評的餐廳！

聖史蒂芬大教堂周邊 　別冊MAP P9D3

Plachutta

連湯品都很出色的名店美味

使用簽約農家的牛肉及蔬菜細心燉煮的清燉牛肉湯，上菜時會連鍋子一起端出來。搭配隨餐的馬鈴薯泥、另外單點的菠菜醬等一起享用。凝聚所有精華的湯也是人間美味。

維也納清燉牛肉
Tafelspitz

燉煮得軟爛的牛臀肉與蔬菜搭配兩種醬料食用。有些店會連同鍋子一起端出來。

湯品十分美味！

DATA　交U3號線Stubentor站步行2分　住Wollzeile 38
☎01-5121577　時11時30分～23時15分　休無　E E

1.近城市公園　2.湯的配料可另外加點€2.80　3.維也納清燉牛肉單點€23.60，套餐€30.90。佐料有辣根與蘋果＋香草奶油

匈牙利燉肉
Gulasch

由匈牙利傳入，使用紅椒醬燉煮，類似燉肉的菜餚。常見的主要食材是牛肉。

有英文菜單！

聖史蒂芬大教堂周邊 　別冊MAP P9C3

Gulaschmuseum

招牌口味與創意風味應有盡有

有牛肉、雞肝、蘑菇、豆子等多達15種口味的匈牙利燉肉。店名原文「匈牙利燉肉博物館」的確名符其實。招牌為維也納風馬車燉肉€13.90，也有發源地匈牙利的風味。

DATA　交U3號線Stubentor站步行3分
住Schulerstr. 20　☎01-5121017
時11～24時　休無　E

1.招牌維也納風馬車燉肉有牛肉、荷包蛋、香腸、蒸麵種子
2.座位一直延伸到店家深處　3.也有露天座位

小小知識　匈牙利傳入的匈牙利燉肉（匈牙利語Gulyás），原為牧童在野外食用的菜餚。維也納清燉牛肉則是法蘭茲‧約瑟夫一世喜愛的菜色。

Check! **維也納的傳統菜餚是？**

在哈布斯堡王朝時代，從周邊國家傳入許多菜餚及手藝精湛的廚師。各民族的地方菜色成為宮廷菜餚，經過淬煉完成後，就成了維也納正統菜餚。

維也納炸肉排
Wiener Schnitzel

拍打成薄片的小牛肉或豬肉裹上麵包粉後，下鍋煎炸。

聖史蒂芬大教堂周邊　別冊MAP P9C3

Zum Weissen Rauchfangkehrer

多道堅持使用新鮮食材的菜色

餐點使用從維也納周邊農場每日進貨的新鮮食材，廣受好評。提供豬肉€15.50與小牛肉€19.50兩種炸肉排。店裡每晚都有鋼琴現場演奏（夏季為不定期）。

DATA　交Ⓤ1、3號線Stephansplatz站步行3分
住Weihburggasse 4　☎01-5123471
時12～23時　休2～10月週日 Ⓔ Ⓔ

不要錯過現場演奏！

1. Lady Gaga也曾造訪此店　2.店名意思是白色煙囪清掃人　3.使用施泰爾馬克州產豬肉的維也納炸肉排

聖史蒂芬大教堂周邊　別冊MAP P9C2

Figlmüller

令人吃驚的特大號炸肉排

號稱1天有360～400位客人來訪，1905年創業，是維也納最有名的餐廳。著名的炸肉排直徑約30公分、重250克，尺寸驚人但肉排很薄，一下子就能吃完。附近也有分店。

DATA　交Ⓤ1、3號線Stephansplatz站步行3分
住Wollzeile 5　☎01-5126177　時11時～22時30分
休8月休2週 Ⓔ Ⓔ

也務必試試沙拉€4.20

使用豬里肌的Figlmuller炸肉排
€13.90，外皮口感十分酥脆

聖史蒂芬大教堂周邊　別冊MAP P8B1

Ofenloch

巷子裡的老字號小餐館

位在舊城區北側，傳統老店雲集的Kurrentgasse街上的300年老餐廳。可在此享用傳統維也納菜餚，會有身著民族服飾的店員為大家服務。維也納炸小牛排€21.50。

DATA　交Ⓤ3號線Herrengasse站步行6分　住Kurrent
gasse 8　☎01-5338844　時12時～22時30分　休週日 Ⓔ
Ⓔ

附紅醋栗醬

選用小牛肉，奶油風味香醇

從老字號到新面孔
在大眾化小餐館
享用維也納傳統佳餚

Beisl是指可用親民價格享用傳統菜色的大眾化小餐館。
每一家店都洋溢著不需在意服裝規定的悠閒氣氛，肚子餓時可隨時前去造訪！

 別冊 MAP P8B1 ## Gösser Bierklinik

農夫盛宴
Bauernschmaus

Knödel（馬鈴薯和麵粉製成的丸子）和培根的拼盤€14.50

歷史悠久的老字號啤酒屋

1683年創業的啤酒餐廳，現為奧地利代表性啤酒品牌Gösser的直營餐廳。菜單有維也納炸肉排€25與黑啤酒燉牛里肌€23等多樣選擇。也提供湯、主菜、甜點的全餐，價位為€17～26。

DATA
交Ü1、3號線Stephansplatz站步行5分
住Steindlgasse 4
☎01-5337598
時11時30分～22時30分　休週日
☑諳英語的工作人員　☑英文版菜單　□需預約

1.Gösser啤酒一杯€4.40。黑啤酒€4.30。也販售瓶裝啤酒
2.在維也納也算歷史悠久的14世紀建築

維也納風味牛排
Wiener Zwiebelrostbaten
Mit Braterdafpel

淋上大量洋蔥醬汁的烤牛肉。€21.80

別冊 MAP P9D1 ## Griechenbeisl

著名音樂家們也曾造訪

餐廳一部分為古羅馬時期的建築，從1477年營業至今。以維也納歷史最悠久的餐廳聞名，店裡可看到貝多芬、莫札特、埃貢‧席勒等名人到訪時的親筆簽名。

DATA
交Ü1、4號線Schwedenplatz站步行3分
住Fleischmarkt 11
☎01-5331977
時11時～23時30分　休無
☑諳英語的工作人員　☑英文版菜單　□需預約

1.僅「馬克吐溫廳」有一整面牆的名人親筆簽名
2.發現貝多芬的簽名！

 小小資訊　每一家小餐館皆提供使用當季食材烹調的料理。春天可點白蘆筍（Spargel），秋天不妨試試南瓜（Kurbis）及菇類（Pilze）。

Müllerbeisl

聖史蒂芬大教堂周邊　別冊 MAP P9C4

各式淳樸的維也納菜餚

可嘗到最傳統的維也納菜餚。若想大快朵頤維也納經典名菜，可點含沙拉、湯品、主菜、甜點的維也納名菜全餐€29.90～。

```
DATA
交Ü4號線Stadtpark站步行5分
住Seilerstätte 15
☎01-5129347
時11～23時　休無
☑諳英語的工作人員　☑英文版菜單　□需預約
```

雞胸鑲菠菜
Hühnerbrust mit Spinat

中間夾菠菜的雞胸肉煎至焦香的一道菜。€14.80

地下室還有座位

維也納清燉牛肉
Tafelspitz

維也納風味燉牛肉。長時間燉煮的肉質搭配醬料堪稱一絕€16.20

聖史蒂芬大教堂周邊　別冊 MAP P9D2

Pfudl

深受當地人喜愛的熱門餐廳

女主人卡特琳娜經營，當地人經常光顧的餐廳。主餐有香草奶油煎鱒魚€14.20，俄羅斯酸奶牛菲力€16.80。每日午餐（週一～五）有湯、沙拉、主餐€8.20～十分划算。

```
DATA
交Ü3號線Stubentor站步行4分
住Bäckerstr. 22
☎01-5126705
時10～23時　休無
☑諳英語的工作人員　☑英文版菜單　□需預約
```

自製義式麵餃€10.20

Witwe Bolte

MQ周邊　別冊 MAP P13A2

皇帝也曾蒞臨的老字號小餐館

1788年創業。位於施皮特貝格徒步區內，皇帝約瑟夫二世曾造訪的知名店家。推薦菜餚為匈牙利燉肉€13、酥炸肉排€16.50。

```
DATA
交Ü2、3號線Volkstheater站步行6分
住Gutenberggasse 13
☎01-5231450
時12～23時　休無
☑諳英語的工作人員　☑英文版菜單　□需預約
```

維也納風匈牙利燉肉
Wiener Gulasch

加上蒸麵糰子及香腸的經典匈牙利燉肉。

小而美的店內

滿足味蕾的美味佳餚與葡萄酒☆

氣氛絕佳的酒窖餐廳

在奧地利，有許多利用地下倉庫建成的葡萄酒吧，稱為"Weinkeller"。
提供香腸等小菜到各種維也納佳餚，應有盡有，可在此盡情享受美食。

MENU
○單面三明治
　€2.50～
○維也納清燉牛肉
　€16.90
○維也納炸小牛排
　€19.90
○奧地利皇帝煎餅
　€7.90

招牌拼盤€22

1.有烤豬肉及血腸等共6種菜色的拼盤　2.建築設計是出自宮廷建築師弗爾德布蘭之手　3.入口處有聖保羅雕像

聖史蒂芬大教堂周邊　別冊MAP P9C2

Zwölf Apostelkeller

下樓梯後就是超大的酒窖

1300年建造的歷史建築改建。在可容納300人的店內隨處放置古董家具，讓人有種穿越時空回到中世紀的錯覺。從小菜到拼盤等餐點應有盡有，11～15時也提供午餐套餐€7。杯裝葡萄酒€3.80／250ml。

DATA
交Ｕ1、3號線Stephansplatz站步行6分
住Sonne nfelsgasse 3　☎01-5126777
時11～23時　休無
☑諳英語的工作人員　☑英文版菜單　□需預約

維也納風沙朗牛排€16.50

MENU
○奧地利煎餅湯
　€4.80
○馬車燉肉
　€12.90～
○維也納炸小牛排
　€19.90
○維也納炸雞
　€11.90

1.雷司令白葡萄酒等奧地利產葡萄酒種類齊全。杯裝€4.30／125㎖　2.天花板裝飾洋溢東方色彩的騎士廳　3.入口位於市政廳正面的右側

環城大道周邊　別冊MAP P12A1

Wiener Rathauskeller

雅緻的私房奢華空間

位在市政廳（→P51）地下樓層。店內分為風格不同的6個房間，每間都十分高級奢華。餐點主要為使用奧地利產食材的炸小牛排等傳統菜色，及當季的現代風創意餐點。

DATA
交Ｕ2號線Rathaus站步行2分
住Rathausplatz 1　☎01-4051210
時11時30分～15時、18～23時　休週日
☑諳英語的工作人員　☑英文版菜單　□需預約

奧地利主要的葡萄酒產地，便是擁有歐陸各大首都之中最大規模葡萄園的維也納，以及北部瓦豪河谷附近的克雷姆斯及杜倫斯坦、生產貴腐酒聞名的西部諾伊齊德勒湖一帶等。

and more...

非常推薦
店家自釀啤酒

雖說奧地利的葡萄酒十分有名，但可喝到自釀啤酒的啤酒屋也十分受到歡迎。

1. 新鮮生啤酒€2.90～價格平實
2. 氣氛輕鬆的店

聖史蒂芬大教堂周邊　別冊MAP P9C4

Zum Bettelstudent

總是擠滿當地年輕人，維也納最古老的啤酒餐廳。2層樓的店中央放著啤酒儲酒槽。

DATA

交U4號線Stadtpark站步行4分
住Johannesgasse12　☎01-5132044　時10時～翌2時（週五、六～翌3時，週日～翌1時）休無

MENU

○冷盤　€11.90
○薩赫香腸　€6.70
○當季鮮魚菜色　€17.80
○維也納清燉牛肉　€17.80

烤豬腰內肉€25.80

1. 可沾黃芥末與辣根　2. 本日推薦紅酒會寫在黑板上。啤酒有13種€4.30／500ml　3. 一進門是吧台，桌席在最裡面

皇宮周邊　別冊MAP P8B4

Augustinerkeller

霍夫堡腹地內的熱門店家

位於阿爾貝蒂娜博物館（→P27）的地下樓層。招牌為使用烤箱小火慢烤的烤豬腰內肉Hintere Stelze Gegrillt。葡萄酒選擇多樣，光奧地利產的酒就多達90種。每杯€3/125ml～。每晚18時30分起都有樂手現場演奏。

DATA

交U1、2、4號線Karlsplatz站步行6分
住Augustinerstr. 1　☎01-5331026
時11～23時　休無
☑諳英語的工作人員　☑英文版菜單　□需預約

拼盤€29.80

MENU

○麵包抹醬　€2.90/100g～
○維也納炸肉排　€10.90
○海頓（紅葡萄酒）　1瓶 €20

1. 烤牛肉、炸肉排等8種肉菜拼盤　2. 秤重計價之外也有單點菜色　3. 海頓廳。海頓最喜歡艾斯特哈齊家的葡萄酒

聖史蒂芬大教堂周邊　別冊MAP P8A2

Esterhazykeller

可享受小酒館氣氛的知名貴族酒窖

改建自匈牙利出身的大貴族艾斯特哈齊家酒窖的餐廳，於1683年開張。從17世紀起便親自栽培葡萄，並生產多種自釀葡萄酒。每杯€1.90/125ml～。餐點採自己從展示櫃選的點餐方式。

DATA

交U3號線Herrengasse站步行2分
住Haarhof 1　☎01-533482
時16～23時　休7、8月
☑諳英語的工作人員　☑英文版菜單　□需預約

散步途中順道造訪
維也納輕食菜單

適合有點嘴饞或是想簡單解決午餐時的餐點。
可毫不拘束輕鬆品嘗，推薦在街頭漫遊時嘗嘗！

小麵包 Brötchen
1個€1.20
黑麥麵包塗上雞蛋、鮭魚、洋蔥
等抹醬。共有22種
Ⓐ

起司香腸 Käsekrainer
€3.90
加入香濃起司的
香腸切片。可依
個人喜好沾辣根
醬食用
Ⓑ

紅蘿蔔＋
奶油起司
Karotte mit Gervais

雞蛋＋雞蛋
Ei mit Ei

維也納起司熱狗捲 Riesen Hotdog Käsekrainer
€4.20
中間夾著多汁起司香腸的熱狗
捲。吸飽肉汁的麵包讓美味更加
倍
Ⓑ

煙燻鮭魚
Räucherlachs auf
Krengervais

雞肝
Geflügelleber

奶油起司＋
洋蔥
Gervais mit Zwiebel

"馬德拉斯" 雞肉沙拉 Hühnersalat "Madras"
€4.70
在萵苣上淋上雞
肉咖哩的沙拉。
蔬菜與咖哩香料
是絕配
Ⓒ

Ⓐ ●聖史蒂芬大教堂周邊
Trzesniewski

別冊MAP●P8B2

創業超過100年的單面三明治
餐廳。在維也納罕見地不提供
咖啡，而是迷你酒杯（1/8ℓ）裝
的啤酒€1.10，十分受歡迎。午
餐時間總是大客滿。市區共有8
家分店。

DATA 交Ⓤ1、3號線Stephansplatz
站步行3分 住Dorotheergasse 1 ☎01-
5123291
時8時30分～19
時30分（週六
9～17時）
休週日 Ⓔ

Ⓑ ●皇宮周邊
Bitzinger

別冊MAP●P8B4

位於國家歌劇院與阿爾貝蒂娜
博物館間小廣場上的熱狗攤。
烤香腸有8種€3.10～，大熱狗
有8種€3.30～。提供桌子但沒
有椅子。

DATA 交Ⓤ1、2、4號線Karlsplatz
站步行6分
住Augustinerstr. 1
☎01-5331026
時8時～翌4時
休無 Ⓔ

Ⓒ ●聖史蒂芬大教堂周邊
Fresh Soup &
Salad

別冊MAP●P8B1

價位合理的沙拉與湯十分受歡
迎。沙拉、湯各€4.10～。此外
還有咖哩€5.30～皆各有4種品
項。18時30分後所有品項皆為
€3.50，可外帶。

DATA 交Ⓤ1、3號線Stephansplatz
站步行5分
住Wipplinger
Str.1
☎01-8575871
時11時～19時30
分（週六～17
時）休週日 Ⓔ

輕食中特別受歡迎的是香腸、披薩、土耳其烤肉等。攤販集中在地鐵1號線Stephansplatz站及
路面電車1、2、D號線Kartner Ring, Oper站的地下樓層。

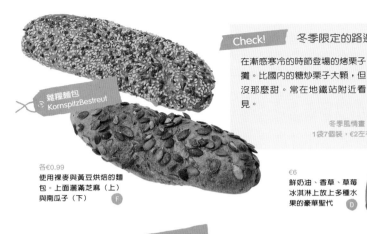

別冊MAP●P9C2

冬季限定的路邊攤點心

在漸感寒冷的時節登場的烤栗子攤。比國內的糖炒栗子大顆，但沒那麼甜。常在地鐵站附近看見。

冬季風情畫。
1袋7個裝，€2左右

雜糧麵包
KornspitzBestreut

各€0.99
使用裸麥與黃豆烘焙的麵包。上面灑滿芝麻（上）與南瓜子（下）　F

€6
鮮奶油、香草、草莓冰淇淋上放上多種水果的豪華聖代　D

水果聖代
Fruchtbecher

奧地利煎餅湯
Frittatensuppe

€4.20
加入切成細絲薄煎餅皮的高湯，讓人回味無窮　E

維也納牛肉湯麵
Suppentopf Alt Wien

€7.90
高湯中加入牛肉、紅蘿蔔、洋蔥、細麵等豐富湯料　E

草莓可麗餅
Erdbeeren Crêpes

€7.40
在可麗餅上放上大量新鮮草莓。可麗餅底下藏著鮮奶油與草莓冰淇淋　D

 ●聖史蒂芬大教堂周邊

D Zanoni & Zanoni

別冊MAP●P9C2

供應義式冰淇淋、聖代、可麗餅、優格冰淇淋等份量十足的甜點。菜單都附圖片，十分簡單易懂。夏天有露天座位，總是人聲鼎沸。

DATA 交Ü1、3號線Stephansplatz
站步行3分
住Lugeck 7
☎01-5127979
時7～24時
休無 E E

 ●聖史蒂芬大教堂周邊

E Café Korb

別冊MAP●P8B2

1904年創業的老字號咖啡廳，店內擺設也是1950年代的物品。在地人常到該店吃午餐，每日午餐主菜附湯€10.80。以前佛洛伊德也曾到這裡寫作。湯品有4～5種。

DATA 交Ü1、3號線Stephansplatz
站步行3分
住Brandstätte 9
☎01-5337215
時8～24時（週日、假日10～23時）休無 E E

 ●聖史蒂芬大教堂周邊

F Anker

別冊MAP●P9D1

1891年創業的維也納烘焙坊，紅色招牌十分醒目。在主要地鐵站等市內各處共有130家店面，除了常備的25種麵包，有些分店也販售三明治、湯、優格等。不少店面可內用。

DATA 交Ü1、4號線Schwedensplatz
站步行1分
住Schwedenplatz 2 ☎01-5320985
時5時30分～20時（週六、日4時30分～19時）
休無 E

從餐廳到咖啡廳等多種選擇

還有更多
維也納美食景點

環城大道內聚集許多餐廳、老字號咖啡廳、酒吧等。
從早晨到深夜都有店家營業，可不拘時段盡情享受。

 ●皇宮周邊
Meinl am Graben

位於高級食材超市2樓的餐廳
高級食材超市Julius Meinl（→P78）2樓，提供
現代維也納菜色的餐廳。使用嚴選當季食材，擺
盤也十分講究。晚餐套餐為4道菜€67、五道菜
€85；午餐為3道菜€34 。

DATA 交Ü3號線Herrengasse站步行3分
住Graben 19 ☎01-53233346000
時8〜11時、12〜22時（週六9時〜）
休週日

1．套餐內容為每季更換 2．位於柯爾市場街與格拉本大街的交叉路口

 ●皇宮周邊
Zum Schwarzen Kameel

結合傳統與創意的維也納菜色
1618年創業，附設皇室御用的熟食店。餐點從
傳統菜色到主廚創意餐點應有盡有。推薦餐點為
鵝肝醬搭配水果前菜€27。

DATA 交Ü1、3號線Stephansplatz
站步行5分 住Bognergasse 5
☎01-5338112511 時12〜23時
休週日

●環城大道周邊
Zum Leupold

提供多種酒類的時尚餐廳
近維也納大學。豬肉、牛肉、雞肉等3種肉類搭
配熱蔬菜的清燉肉等肉類菜色廣受好評。附設啤
酒吧。預算為€21〜。

DATA 交Ü2號線Schottentor站步
行5分 住Schottengasse 7
☎01-533938112
時10時〜23時30分
休無

 ●克爾特納大街
Bistol Lounge

格調與傳統兼具的高級餐廳
位於維也納知名飯店Hotel Bristol Wien內。菜單
有奧地利的傳統菜色，預算為午餐€30〜，晚餐
€50〜。

DATA 交Ü1、2、4號線Karlsplatz
站步行4分 住HHotel Bristol Wien
（→P82）內 ☎01-51516546
時12〜14時、16〜23時
休無

 ●克爾特納大街
Führich

早晚都適合造訪的經典維也納美食
維也納炸肉排與香腸廣受好評。晚餐時段有匈牙
利揚琴（大型打擊樂器）的現場演奏，可享受吉
普賽音樂。午餐€8〜。

DATA 交Ü1、2、4號線Karlsplatz
站步行6分 住Führichgasse 6
☎01-5130880
時11時30分〜23時 休無
※現場演奏為週二〜六

 維也納市區的餐廳及咖啡廳，會在店門口貼上標示禁菸、可吸菸、有吸菸區的貼紙。
這幾年全面禁菸的店有增加的趨勢。

68

維也納菜色　別冊MAP P9C3
●克爾特納大街

Gigerl

舊城區的奧地利小酒館

位於舊城區的石板小路上。營業至深夜。餐點主要是維也納的代表名菜，如維也納炸肉排€18.20、匈牙利燉肉€11.20等。和小酒館一樣，下酒菜的點餐採自助式。

DATA 交Ⓤ1、3號線Stephansplatz站步行4分
住Rauhensteingasse 3　☎01-5134431　時15時～翌1時
休無 🅱️🅴

1.起司與麵粉製成的起司德國麵疙瘩€9.20
2.店裡洋溢著溫馨的氣氛

維也納菜色　別冊MAP P9D4
●環城大道周邊

Stiereck

維也納美食界的巔峰

位在綠意盎然的城市公園內，獲世界餐旅指南權威的法國組織Relais & Châteaux認可的奧地利頂尖名店。獨創的菜色午餐4道€78～、晚間全餐6道€125～，菜色皆可自選。單點€28～49。請先訂位再前往，有著裝規定。

DATA 交Ⓤ4號線Stadtpark站步行5分
住Heumarkt 2a/im Stadtpark　☎01-7133168
時11時30分～14時30分、18時30分～22時
休週六、日 🅱️🅴

1.大量使用當季食材的菜色廣受好評
2.位於城市公園維也納河畔的獨棟餐廳

維也納菜色　別冊MAP P9D3
●環城大道周邊

Österreicher im MAK

感受絕佳風味與色彩的饗宴

位於應用美術館（→P52）內。可享用星級主廚Helmut Österreicher監製的現代風奧地利料理。店內入口處為咖啡廳＆酒吧，後方為餐廳。羅特邁爾設計的水晶燈等營造出高雅的室內空間。預算為午餐€9.80～，晚餐€25。

DATA 交Ⓤ3號線Stubentor站步行2分
住Stubenring 5　☎01-7140121
時11時30分～15時、18～23時
休無 🅱️🅴

1.單點菜餚一例。色彩繽紛的擺盤讓視覺上也得到滿足
2.格子花紋的天花板十分時尚

義大利菜色　別冊MAP P8B4
●克爾特納大街

Lubella

可隨性造訪的道地披薩餐廳

以石窯烤披薩聞名的義大利餐廳。菜單除了披薩，還有義大利麵、自助式沙拉吧等。預算為€14～。店內氣氛輕鬆不拘束。

DATA 交Ⓤ1、2、4號線Karlsplatz站步行6分　住Führichgasse 1
☎01-5126255
時11～23時
休無 🅴

日本料理　別冊MAP P10B1
●克爾特納大街

雲海
Unkai

豪華飯店內的和食餐廳

位於飯店7樓視野極佳的店。供應壽司、生魚片、鐵板燒等傳統日本料理。位置近維也納國家歌劇院，可在欣賞歌劇後來此用餐。

DATA 交Ⓤ1、2、4號線Karlsplatz站步行3分　住🅷Grand Hotel Wien（→P82）內　☎01-51580-9110
時12時～14時30分、18時～22時45分（週一僅18時～）　休週一中午 🅴

咖啡廳 別冊 MAP P8A4 ●皇宮周邊

Palmenhaus

昔日的溫室變身為咖啡廳

利用青年風格的大溫室部分區域。位在皇宮花園內北側，充滿陽光和綠蔭的店裡最適合小憩。招牌蛋糕是滋味濃郁、甜味高雅的起司蛋糕。菜單有多種選擇，夜間同時也是酒吧。天氣晴朗時則推薦露天座位。

DATA 交 D、1、2、71站Burgring站步行3分
住Burggarten 1 ☎01-5331033 時10～24時（週五、六～翌1時，週日～23時，視季節而異） 休1月上旬～2月的週一、二 [E][E]

1.招牌起司蛋糕€3.90
2.寬敞明亮的店內。翠綠的熱帶植物清爽宜人

咖啡廳 別冊 MAP P8B3 ●聖史蒂芬大教堂周邊

Oberlaa Stadthaus

種類豐富的甜點

以蛋糕種類豐富聞名的店家。不會過甜的現代風味甜點廣受女性歡迎。蛋糕與切片蛋糕等蛋糕類多為€3.90，一部分會隨季節更換。也提供每日午餐€10.80～。

DATA 交U1、3號線Stephansplatz站步行3分
住Neuer Markt 16 ☎01-5132936 時8～20時
休無 [E][E]

1.巧克力招牌蛋糕€3.90 2.位於維也納南部溫泉勝地的甜點咖啡廳

咖啡廳 別冊 MAP P8A2 ●皇宮周邊

Café Griensteidl

米歇爾廣場上傳說中的文學咖啡廳

1847～97年曾為重要社交場所，引領時代潮流的咖啡館。裝潢完整重現創業當時的氛圍，附設餐廳也廣受好評。

DATA 交U3號線Herrengasse站步行3分 住Michaelerplatz 2
☎01-5352692 時8時～23時30分
休無 [E][E]

咖啡廳 別冊 MAP P9C2 ●聖史蒂芬大教堂周邊

Café Diglas

賣點是蛋糕及份量十足的餐點

可以合理價格享用店家自製蛋糕與午間套餐。美味的秘訣就在講究的食材與家族祖傳食譜。

DATA 交U1、3號線Stephansplatz站步行5分 住Wollzeile 10
☎01-51257650 時8時～22時30分（週六9時～） 休無

咖啡廳 別冊 MAP P8B3 ●克爾特納大街

Gerstner

伊莉莎白皇后曾造訪的歷史悠久咖啡廳

1847年創業的皇室御用咖啡廳。招牌為使用多層巧克力鮮奶油的店家獨創蛋糕，Gerstner蛋糕€3.95。

DATA 交U1、3號線Stephansplatz站步行1分 住Kärntner Str.13-15 ☎01-5124963
時8時30分～20時（週日10～18時） 休無 [E][E]

咖啡廳 別冊 MAP P9C2 ●聖史蒂芬大教堂周邊

Kaffe Alt Wien

可享受佳餚與美酒的藝術咖啡廳

牆上貼滿海報與畫作的店內彷彿藝廊。招牌蛋糕€3.50。一般餐點也有多種選擇，午餐€6.90～。

DATA 交U1、3號線Stephansplatz站步行6分 住Bäckerstr. 9
☎01-5125222 時10時～翌1時
休無 [E][E]

小小資訊 舊城區的安卡時鐘（別冊MAP/P9C1）附近有一區酒吧與酒館雲集，別稱是百慕達三角洲。暱稱源自百慕達的「魔鬼三角海域」，因為有許多人會像搭船隻沉沒般喝得不省人事，因而得名。

咖啡廳　別冊 MAP P8B3 ●克爾特納大街

Café Konditorei Heiner

傳統甜點應有盡有的老咖啡館

1840年創業，店裡掛著皇室御用認證的雙頭鷲徽章。常備30種以上傳統風味的甜點。也有輕食菜單。

DATA　交Ü1、3號線Stephansplatz
站步行3分　住Kärntner Str. 21-23
☎01-5126863　時8時30分～19時30
分（週日10時～）　休無 [E][E]

咖啡廳　別冊 MAP P4A4 ●郊區

Café Dommayer

小約翰史特勞斯首度登台演奏的地方

1787年時開業為可享受餐點和音樂演奏的沙龍。該咖啡廳也因為是圓舞曲之父小約翰史特勞斯首次登台演奏的場地而聲名大噪，甚至立有紀念碑。除了種類豐富的獨家蛋糕，也很推薦附雞蛋、火腿、起司、鮭魚和水果優格的早餐套餐€17.90。

DATA　交Ü4號線Hietzing站步行5分　住Auhof Str. 2
☎01-87754650　時7～22時　休無 [E][E]

1.加入草莓慕斯的草莓蛋糕
€3.90　2.位於美泉宮附近，
可於觀光時順道造訪

酒吧　別冊 MAP P8B3 ●聖史蒂芬大教堂周邊

American Bar

由阿道夫‧路斯設計的傳奇酒吧

由引領近代建築風潮的阿道夫‧路斯設計。店裡完整保留1908年開店至今100多年的桃花心木天花板與鏡子等，為不過度裝飾的前衛裝潢。雞尾酒€10～。參觀需消費。

DATA　交Ü1、3號線Stephansplatz站步行1分
住Kärntner Durchgang 10　☎01-5123283
時12時～翌4時　休無 [E][E]

咖啡廳　別冊 MAP P4B2 ●環城大道周邊

Café Weimar

每晚都有鋼琴現場演奏

提供多種葡萄酒與下酒菜，可在此享用簡單的晚餐或當作酒吧。每晚19時30分起會有鋼琴現場演奏。

DATA　交Ü6號線Währinger Straße-
Volksoper站步行5分　住Währinger
Str. 68　☎01-3171206
時7時30分～23時30分（週日9時～）
休無

酒吧　別冊 MAP P8B1 ●聖史蒂芬大教堂周邊

Bieradies

餐點選擇十分多樣

位於聖史蒂芬大教堂西北，猶太廣場一隅。13種奧地利啤酒€3.10／300ml～。夏天時露天座位人聲鼎沸。

DATA　交Ü3號線Herrengasse站步
行5分　住Judenplatz
☎01-5356611　時9時～翌1時（週六
10時～翌2時，週日10～23時）
休無 [E][E]

啤酒屋　別冊 MAP P9C1 ●聖史蒂芬大教堂周邊

Krah Krah

環城大道酒吧區內最老的店

1905年開業的啤酒屋，位於有百慕達三角洲之稱的酒館街上。含生啤酒與瓶裝啤酒共計有50種以上€2.90～。

DATA　交Ü1、4號線Schwedenplatz
站步行3分
住Rabensteig 8　☎01-5338193
時11時～翌2時（週日為～翌1時）
休無 [E][E]

1.店內僅有吧台和桌
席一層樓　2.利用鏡
子等設計讓小巧的空
間感覺更寬敞

各種可長久使用的商品
承繼傳統的皇室御用名店

得到皇室御用稱號的商店及發源自宮廷的手工藝品店中，擺滿了設計高雅、品質有保障的商品。不妨前來尋找能用一輩子的夢幻逸品吧！

1718年創業

聖史蒂芬大教堂周邊　別冊MAP P8B3

Augarten

奧地利引以為傲的高級瓷器
1744年起為皇室專屬瓷窯，是歐洲歷史第二悠久的陶瓷品牌。與伊莉莎白和瑪麗亞・特蕾莎使用的瓷器同款的設計、19世紀初流行的畢德邁亞風格等款式最受歡迎。全數皆是技巧純熟的工匠手工繪製。

DATA 交Ü1、3號線Stephansplatz站步行1分　住Spiegelgasse 3
☎01-5121494　時10～18時　休週日
☑諳英語的工作人員

1.瑪麗亞・特蕾莎系列€193（前），畢德邁亞裝飾花紋（後）的杯碟組€352　2.與伊莉莎白皇后使用的物品同款設計的小碟子€94。迷你花瓶€76，小置物盒€75　3.裝飾維也納€79（左）老維也納€42（右）頂針　4.工坊位於奧加登宮（→P53）

1814年創業

聖史蒂芬大教堂周邊　別冊MAP P8B3

A. E. Köchert

送給伊莉莎白的星之珠寶
負責設計法蘭茲・約瑟夫一世送給妻子伊莉莎白的星型髮飾「鑽石之星」的珠寶商。從1868年起為皇室御用品牌，髮飾盒上的肖像畫藏於茜茜公主博物館（→P28）與宮廷家具博物館（→P30、51）。

1.可使用附贈工具包加工成胸針、髮夾、墜子的鑽石之星€3400～　2.伊莉莎白皇后的三女「瑪麗・瓦雷莉」鑽石系列。墜子€1480　3.伊莉莎白皇后的長女「吉賽拉」鑽石系列。髮夾€1300（左）與戒指€1380（右）　4.也提供訂製

DATA 交Ü1、3號線Stephansplatz站步行3分　住Neuer Markt 15　☎01-5125828　時10～18時（週六～17時）
休週日　☑諳英語的工作人員

小小資訊　在皇室御用商店家中也有甜點店，像是Demel（→P55）及Gerstner（→P70）、Café Konditorei Heiner（→P71）的招牌上都有K&K（Kaiserlich and Königlich＝帝國與王國）的標記。

維也納 皇室御用名店

1843年創業

聖史蒂芬
大教堂
周邊　別冊 MAP P9C2

Berndorf
外型美麗的餐具

伊莉莎白喜愛的老字號餐具。店內販售沿用100年前外型設計的皇家系列餐具，湯匙1根€6.50。也有孩童餐具。

1. 麗糖粉用的餐具€24.90。以伊莉莎白皇后的餐具為原型
2. 約40種餐具組€149～5599，動物主題的兒童餐具€14.90
3. 銀器價格不菲

DATA　交Ü1、3號線Stephansplatz站步行8分
住Wollzeile 12　☎01-5122944
時10時～18時30分（週六～17時）　休週日
☑諳英語的工作人員

1823年創業

克爾
特納
大街　別冊 MAP P8B4

Lobmeyr
世界最頂級的水晶玻璃製品

1835年獲得皇室御用認證的水晶玻璃店。皇宮及國家歌劇院都使用該店的水晶吊燈。其優良的品質與設計受到全世界的喜愛。

1. 水晶杯。「巴洛克」系列（左）€264、畢德邁亞風格（右）€268　2. 設計獨特的糖果盒，小€144、中€162、大€198　3. 有「光之雕刻」美譽的店內

DATA　交Ü1、3號線Stephansplatz站步行5分
住Kärntner Str. 26　☎01-512050888
時10時～19時（週六～18時）　休週日
☑諳英語的工作人員

1720年創業

聖史蒂芬
大教堂
周邊　別冊 MAP P8B2

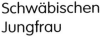

Schwäbischen Jungfrau
高雅且質地優良的亞麻布十分受歡迎

販售大馬士革織品、純絲床罩、餐具、毛巾類等高雅與品質兼具的商品。瑪麗亞・特蕾莎與茜茜公主都曾造訪該店。

1.2.亞麻餐巾與靠枕等，上頭都繡上了茜茜公主特別訂製的皇冠圖樣　3. 茜茜公主刺繡緞帶€37　4. 店面位在格拉本大街

DATA　交Ü1、3號線Stephansplatz站步行3分
住Graben 26　☎01-5355356
時10時～18時30分（週六～17時）　休週日
☑諳英語的工作人員

1932年創業

皇宮
周邊　別冊 MAP P8A3

Maria Stransky
宮廷發源的傳統刺繡工藝

斜針繡為瑪麗亞・特蕾莎時代宮廷侍女間發展出的傳統刺繡法。該店傳承了這種傳統刺繡手法，針數越多的商品價格越高。

1. 可在特別日子使用的高雅手提包€1489～
2. 可成為穿搭亮點的胸針€31～
3. 位在皇宮小徑上的小巧店家

DATA　交Ü3號線Herrengasse站步行4分
住Hofburg-passage 2　☎01-5336098
時10～18時（週六～17時、週日10～17時）　休無
☑諳英語的工作人員

維也納最為繁榮的克爾特納大街

可以找到喜愛的商品

連接國家歌劇院與聖史蒂芬大教堂的克爾特納大街是維也納最熱鬧的街道。
以下為您精選眾多店家中特別熱門的商店！

1 別冊 MAP P8B4 施華洛世奇
Swarovski

閃閃發光的水晶製品

1895年創業，誕生於茵斯布魯克的水晶玻璃製造商直營店。店內共有3層樓，規模為全世界最大。飾品、擺飾、配件類等品項應有盡有，絕對比在國內購買划算得多。

超人氣系列

1. 老鼠Anna&Emma一組€54
2. Kris Bear-In Love一對€129
3. 吊飾手鍊€39 4. 魚€59
5. 蘋果€44 6. 星€44 7. 洋溢高級氛圍的奢華空間

加上吊飾串成可愛的手環！

DATA 交U1、3號線Stephansplatz站步行5分 住Kärntner Str. 24 ☎01-3240000 時9〜21時（週六〜18時） 休週日 ☑諳英語的工作人員

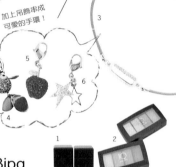

2 別冊 MAP P8B3 Steffl

知名品牌琳琅滿目

從Chloe、CELINE等高級品牌到Lacoste、UGG等休閒品牌應有盡有的時尚購物中心。頂樓有視野極佳的咖啡廳。除地下1樓與3樓外皆販售女性商品。

DATA 交U1、3號線Stephansplatz站步行3分 住Kärntner Str.19 ☎01-93056 時10〜20時（週六9時30分〜18時） 休週日 ☑諳英語的工作人員

3 別冊 MAP P8B3 Bipa

原創美妝產品很受歡迎

粉紅色的建築十分醒目，相當受女性歡迎的藥妝店。在奧地利有500家以上的分店，可以划算價格購買原創美妝品牌IQ、LOOK、及在國內造成轟動的有機美妝品牌WELDA。舊城區共有5家分店。

1. 指甲油（共20種）€3.99〜
2. 漸層效果分明！眼影（共8種）€6.99 3. 防水增量睫毛膏€2.99

這個眼影顏色真漂亮☆好想要！

DATA 交U1、3號線Stephansplatz站步行1分 住Kärntner Str. 1-3 ☎01-5122210 時8〜20時（週六〜18時） 休週日 ☑諳英語的工作人員

小小資訊 Walter Bosse是一位使用陶瓷及黃銅製作動物擺飾的維也納造藝術家，Österreichischen Werkstätten約販售40種他設計的動物擺飾。

4 別冊 MAP P8B3　Mühlbauer

休閒×時尚的帽子店

1903年創業，代代相傳的老字號帽子店，現在由第四代店主克勞斯繼承。配合季節，從經典款到時尚、休閒款等，設計款式眾多。

1.男、女用款式，很受國外名人歡迎　2.毛球十分可愛的馬海毛鴨舌帽€199　3.讓豹紋設計成為你穿搭的亮點。€298　4.天鵝絨帽€259　5.設計師克勞斯先生

DATA　交Ⓤ1、3號線Stephansplatz站步行3分　住Seilergasse 10　☎01-5122241　時10時～18時30分（週六～18時）　休週日　☑諳英語的工作人員

敬請期待每季不同的設計

5 別冊 MAP P8B3　Thomas Sabo

來自德國的珠寶飾品

在全世界都有分店的德國珠寶品牌。在各種飾品中，品牌注入最多心血的就屬墜子，居然有多達1100種選擇！在項鍊上搭上多個墜子十分可愛。

1.以銀飾為中心　2.項鍊€59，鑰匙（錬墜）€69　3.店內擺滿墜子　4.手錬€34、愛心墜飾€44　5.手錬€34、摩天輪€59、幸運草€34

DATA　交Ⓤ1、3號線Stephansplatz站步行2分　住Seilergasse 4　☎01-5123925　時10～19時（週六～18時）　休週日　☑諳英語的工作人員

6 別冊 MAP P8B3　Österreichische Werkstätten

奧地利手工藝品大集合

店裡販售克林姆畫作圖樣的絲巾、領帶、維也納工坊設計的布包與抱枕套等各種奧地利手工藝品。

1.可在此一次買齊所有熱門伴手禮　2.Walter Bosse的超迷你動物擺飾1個€47

DATA　交Ⓤ1、3號線Stephansplatz站步行2分　住Kärntner Str. 6　☎01-5122418　時10時～18時30分（週六～18時）　休週日　☑諳英語的工作人員

聖史蒂芬大教堂

Ⓤ Stephansplatz站

地鐵3號線

克爾特納大街為行人徒步區

Seilergasse

克爾特納大街 Kärntner Str.

往維也納國家歌劇院

在瑪麗亞希爾費大街尋找可愛的雜貨

由維也納西站通往環城大道的瑪麗亞希爾費大街，是當地人常去的購物區。賣雜貨的店家特別多，從大型店舖到個性派的商店應有盡有。

1 別冊 MAP P4B4 **Thalia**

陳列各種雜貨的大型書店

從地下1樓到3樓，有書店、雜貨店、咖啡廳進駐。主要的書店內有沙發，可以坐著看書。雜貨部分則從文具用品、環保袋到明信片應有盡有。也提供多種樣式的地圖。

> DATA 交Ü3號線Zieglergasse站步行2分 住Mariahilfer Str. 99 ☎01-0732-7615-66710 時9~19時（週四、五~20時、週六~18時）休週日 ☑語英語的工作人員

1.可在書店坐下好好看書 2.設計優雅的便條 3.也有許多放小東西的收納盒。貓€12.90、生日禮物盒€2.95 4.婚禮高跟鞋形狀的存錢筒€9.99

4

街道上有許多大型商店

有奧林匹克選手的手印與腳印

Ü Zieglergasse站
地鐵3號線
3
1

---

2 別冊 MAP P13A3 **Gräfin vom Raimundhof**

充滿玩心的雜貨大集合

位於從瑪麗亞希爾費大街彎進去的萊蒙德霍夫街上。販售許多個性派雜貨、飾品等流行商品，推薦給想尋找獨特伴手禮的人。

> DATA 交Ü3號線Neubaugasse站步行4分 住Mariahilfer Str. 45, Raimundhofpassage ☎01-5850630 時11~18時（週五~19時、週六10時30分~17時）休週日 ☑語英語的工作人員

1.在店中央擺滿各種飾品 2.設計獨特的蛋糕與咖啡戒指各€29 3.鑰匙圈各€14 4.普拉特公園摩天輪與巴洛克人偶砧板各€10

2 3

---

3 別冊 MAP P4B4 **Schokothek**

精選巧克力專賣店

奧地利國內的巧克力齊聚一堂。特別推薦Zotter的板狀巧克力，包括橘子杏仁糖、龍舌蘭等奇特口味共有80種以上。包裝設計也很可愛。

1.Zotter以手工巧克力聞名 2.上起核桃牛軋糖，白葡萄酒＆起司，幸運巧克力（甘蔗）各€3.99

> DATA 交Ü3號線Zieglergasse站步行3分 住Mariahilfer Str. 88a ☎01-5238104 時9時30分~21時（週六9~19時、週日10~17時）休無 ☑語英語的工作人員

2

瑪麗亞希爾費大街上的百貨公司Gerngross（別冊MAP／P6A4 時9:30~19:00（週四、五~20時、週六~18時）休週日）的地下樓層有美食區。

④ 別冊MAP P13B3 Grüne Erde

奧地利的天然系化妝品

從玫瑰及橄欖等有機栽培植物中萃取出精油製作成的有機護膚產品。同時也販售使用有機棉的衣服與布料。

DATA 交Ⓤ2號線Museumquartier站步行3分
住Mariahilfer Str. 11
☎07615-203410
時9時30分～19時（週四、五～19時30分、週六～18時）
休週日
☑諳英語的工作人員

1.店裡飄散著精油香氛 2.敏感肌適用的山羊奶沐浴乳€10.9（左）與身體乳€16.90（右），保濕效果十足 3.可讓肌膚保持滑嫩的臉部乳液大瓶€23.80（左），小瓶€7.80（右）

2

3

瑪麗亞希爾費教堂立有海頓雕像

地鐵2號線

Mariahilfer Str. 瑪麗亞希爾費大街

augasse站

Museumsquartier站

② ④ ⑤

⑤ 別冊MAP P13B2 Kare

邂逅各種個性派雜貨

以歐洲為中心，在全世界35個國家設有分店的雜貨及家具店。多彩獨特的設計，光欣賞也是種享受。店面很深，十分寬敞，往地下樓層走還有更多商品。

DATA 交Ⓤ2號線Museumquartier站步行5分
住Mariahilfer Str. 5 ☎01-5856211 時9時30分～19時（週四、五～20時、週六～18時） 休週日
☑諳英語的工作人員

1.地點接近環城大道 2.車子形狀存錢筒€14.95 3.十分亮眼的相框€24.95 4.達利風格時鐘€16.95

2

3

4

⑥ 別冊MAP P13A3 Leiner

家具與雜貨的百貨公司

從地下1樓到6樓，販售室內用品的大型家具店。1樓陳列奧地利、德國、丹麥製的餐具、烹飪用品、寢具等多種商品。

DATA 交Ⓤ2號線Museumquartier站步行5分 住Mariahilfer Str. 18
☎01-521530 時9時30分～18時30分（週六9～18時） 休週日
☑諳英語的工作人員

6

7

2

1

1.從MQ Point（→P39）步行5分 2.店家規模很大，可花時間慢慢看 3.枕套各€14.99 4.刺蝟的菜泥器€11.99 5.可可愛貓與鳥裝飾的砧板€9 6.形狀獨特的開瓶器€15 7.發源於特勞恩湖畔小鎮的格蒙登瓷器。馬克杯€12、小碟子€11

5

3

4

高級商品與平價商品皆種類齊全！

在超級市場尋找伴手禮

旅行樂趣之一，尋找伴手禮時不容錯過的地點就是超級市場。
有許多國內沒有的罕見商品，讓人忍不住大買特買。

施泰爾馬克州產
南瓜籽油、
€7.99（左），
€11.99（右）🅐

Julius Meinl
獨家果醬
杏桃（左）
黑醋栗（右）
各€5.49 🅐

牛奶巧克力（左）
榛果焦糖巧克力
（右）各€2.99 🅐

含碘海鹽
€4.29 🅐

高級超市

販售各種優質商品，
最適合當作給自己與家人的
伴手禮。

老字號調味料品牌
的管裝黃芥末
€1.99 🅐

伯爵香氛紅茶
€4.90 🅐

咖啡罐€4.50
（上）與摩卡
咖啡豆€12.79
（左）（左）

伯爵茶的茶包
25包裝€3.69 🅐

阿拉比卡咖啡豆
即溶咖啡€6.49 🅐

米朗琪咖啡用
咖啡豆€9.50 🅐

🅐 別冊 MAP P8B2　●皇宮周邊

Julius Meinl

高級超市的代名詞

販售奧地利國內及世界各國多
種食品，為了讓消費者知道商
品產地，商品標籤上會畫國
旗。1樓有咖啡廳及熟食區，2
樓有餐廳Meinl am Graben
（→P68）。

說到Julius Meinl
就是咖啡了！

起初是咖啡豆專賣店，
據說還是全世界第一家
開始烘焙咖啡豆的店。
維也納許多餐廳及咖啡
廳都用這裡的豆子。

DATA 交Ⓤ1、3號線Stephansplatz站步行3分
住Graben 19 ☎01-5323334 時8時～19時30分（週六9～
18時）休週日 ☑諳英語的工作人員

小小資訊　超市結帳櫃台與國內不同，不提供塑膠袋，必須自行攜帶或花錢購買櫃檯附近的提袋（依尺寸1個約€0.19～0.30）。
請自行將商品從提籃拿出來，放到結帳櫃檯的輸送帶上。

and more

天然系食品看這裡

聖史蒂芬大教堂周邊 | 別冊MAP P9C1

Porta Dextra

販售使用國產食材做的果醬、食用油、葡萄酒等，紅茶專賣店Haas & Haas（→P81）經營的商店。

DATA 交U1、3號線Stephansplatz站步行2分 住Ertlgasse 4 ☎01-5333534 時10時～18時30分（週六～18時）休週日 E

1.左起南瓜籽油€10.90，摩洛哥堅果油€9.10，香草油€8.50 2.從零食類到調味料應有盡有 3.草莓栗子果醬€5.60（左），以及擁有豐富維他命C的山莱萸果醬（右）€5.80

麵條湯（左）粗麵餃子湯（右）的調味湯包各€0.99 B

油漬沙丁魚罐頭€1.99 C

也有各種調理包。燉煮香草醃肉與馬鈴薯€2.79（左）與維也納風漢堡排（附白飯）€3.99（右）B

平價超市

市區內店家數很多，十分方便。也可找到BIO（有機）商品

松樹蜂蜜€3.49（前）B 提洛地區的老字號Darbo公司的蜂蜜€4.49（後）

擁有清爽酸味的雷司令葡萄酒€9.99 C

奧地利能量飲料·RedBull各€1.39 C

玉米粉製成的有機洋芋片€0.79 C

莫札特巧克力是熱門伴手禮，各€1.39 C

B | 別冊MAP P10B1 | ●環城大道周邊

Spar

在全歐洲展店的超市

經營理念為「低價販售安全食品」，在全世界30個以上國家開設分店，總店在荷蘭。在自有品牌的有機食品上也投入許多心血。

DATA 交T D、1、2、71號線Kartner Ring, Oper站步行2分 住Kärntner Ring 2 ☎01-5046382 時7時30分～20時（週六～18時）休週日 ☑諳英語的工作人員

C | 別冊MAP P9C3 | ●聖史蒂芬大教堂周邊

Billa

店家數排名第一

在奧地利有將近1000間分店的大型連鎖店。從生鮮食品到日常用品應有盡有。在聖史蒂芬大教堂附近的分店，也販售可當作伴手禮的巧克力，有許多觀光客造訪。

DATA 交U1、3號線Stephansplatz站步行1分 住SIngerstr. 6 ☎01-5132579 時7時15分～19時30分（週六～18時）休週日 ☑諳英語的工作人員

從經典到原創商品

還有更多
維也納購物景點

以歷史悠久的工藝品、藝術作品為主題的博物館商品令人目不暇給。
商店多集中在聖史蒂芬大教堂周邊，記得去看看。

購物中心　別冊MAP P10B1　●克爾特納大街
Ringstrassen Galerien

高級精品店琳琅滿目

70間店面進駐的大型購物中心。除了多間名牌精品店外，地下樓層有販售食品的超市。

DATA　交Ⓤ1、2、4號線Karlsplatz站步行3分　住Kärntner Ring 5-7, 9-13　☎01-5125181
時10～19時（週六～18時）
休週日　Ｅ

民族服飾　別冊MAP P9C2　●聖史蒂芬大教堂周邊
Witzky

可以合理的價位買到民族服飾

販售多種民族服飾及配件。高價的Dirndl（傳統民族服飾）為€200～，配件為€24～都不算太貴的價位。

DATA　交Ⓤ1、3號線Stephansplatz站步行2分
住Stephansplatz 7　☎01-5124843
時10～18時（週六～17時）
休週日　Ｅ

民族服飾　別冊MAP P8A3　●聖史蒂芬大教堂周邊
LodenPlankl

販售奧地利各地的民俗服飾

1830年創業的老牌服飾店。以羊毛壓縮材質製作的拖鞋約€22。提洛地區的民族服飾也很受歡迎。

DATA　交Ⓤ3號線Herrengasse站步行3分　住Michaelerplatz 6　☎01-5338032　時10～18時

流行服飾　別冊MAP P8B3　●聖史蒂芬大教堂周邊
Kettner

十分受到當地人歡迎

將民族風設計應用於現代服飾，適合各年齡層的時尚店家。也販售AIGLE的雨鞋等戶外用品。

DATA　交Ⓤ1、3號線Stephansplatz站步行5分　住Plankengasee 7
☎01-5132239
時9時30分～18時30分（週六～17時）　休週日

鞋子　別冊MAP P10B1　●克爾特納大街
Humanic

種類豐富尺寸齊全

在奧地利國內主要城市都有分店的連鎖鞋店。除了富設計感的義大利製鞋款之外，也有襪子及包包等配件。

DATA　交Ⓤ1、2、4號線Karlsplatz站步行4分　住Kärntner Str. 51
☎01-5125892
時10～19時（週六～18時）
休週日　Ｅ

飾品配件　別冊MAP P8B4　●聖史蒂芬大教堂周邊
Frey Wille

結合黃金與琺瑯的飾品

販售主打鮮豔色彩的高級琺瑯飾品的商店。珠寶設計融入克林姆等藝術家的創作元素。

DATA　交Ⓤ1、2、4號線Karlsplatz站步行6分　住Lobkowitzplatz 1
☎01-5138009
時10～19時（週六～17時）
休週日　Ｅ

小小資訊　也負責「Altmann & Kühne」商品設計的維也納工坊，是由分離派成員之一的建築師約瑟夫‧霍夫曼為中心成立的。工坊於19世紀末時參與維也納家具、餐具等各式工藝品設計。

飾品配件　別冊MAP P6A3　●MQ周邊
Burggasse 21

充分發揮設計師特色的商品

俄羅斯出身的設計師艾蓮娜的商店兼藝廊。色彩繽紛的飾品、包包、衣服，每件都充滿設計感。

DATA　交Ⓤ2、3號線Volkstheater站步行5分　住Burggasse 21
☎01-06769430570
時14～19時
休週日、一　Ⓔ

伴手禮　別冊MAP P10B2　●MQ周邊
Waltz

伴手禮到名牌精品應有盡有

主要販售奧地利代表特產及一流名牌商品。特別是斜針繡、施華洛世奇等精美商品十分豐富。

DATA　交Ⓤ1、2、4號線Karlsplatz站步行1分　住Kärntner Str.46　☎01-5869171　時9時30分～18時30分（週六～17時）
休週日　Ⓔ

博物館商品　別冊MAP P10A1　●MQ周邊
Replicart

有許多克林姆畫作相關商品

販售以克林姆畫作為題材的周邊商品，以及包括紐約大都會博物館等世界各國的精選博物館商品。

DATA　交Ⓤ2號線Museumquartier站步行4分　住Babenberger Str. 5
☎01-5857205
時10時～18時30分
休無　Ⓔ

葡萄酒　別冊MAP P8B2　●聖史蒂芬大教堂周邊
Wein & Co

奧地利葡萄酒種類齊全

可輕鬆買到各種奧地利產葡萄酒。除了當地的自釀葡萄酒外，歐洲各地的葡萄酒也很豐富。並附設酒吧餐廳。

DATA　交Ⓤ1、3號線Stephansplatz站步行2分　住Jasomirgott Str.3-5
☎01-507063121
時10～24時（週日15時～）
休無　Ⓔ

紅茶　別冊MAP P9C2　●聖史蒂芬大教堂周邊
Haas & Haas

在當地十分受歡迎的紅茶專賣店

以100克為單位稱重販售多種茶葉，可先聞香後再購買。€4.50/100克左右。可在附設的咖啡廳品味花草茶。

DATA　交Ⓤ1、3號線Stephansplatz站步行2分　住Stephansplatz 4
☎01-5129770
時9時～18時30分（週六～18時）
休週日　Ⓔ

零食　別冊MAP P9C2　●聖史蒂芬大教堂周邊
Manner

可大量分送親朋好友的經典零食

生產威化餅乾與巧克力的奧地利熱門零食品牌「Manner」的專賣店。零食€0.89～。也販售明信片€2.50～等商品。

DATA　交Ⓤ1、3號線Stephansplatz站步行2分　住Roteturmstr. 7
☎01-5137018
時10～21時
休無　Ⓔ

巧克力　別冊MAP P8B2　●聖史蒂芬大教堂周邊
Altmann & Kühne

以各種個性獨特的包裝聞名

1928年開業的巧克力專賣店。店裡的招牌商品是裝在色彩繽紛又具個性的包裝盒中、小顆的自製果仁巧克力。商品的包裝由維也納工坊負責設計。

DATA　交Ⓤ1、3號線Stephansplatz站步行1分
住Graben 30　☎01-5330927
時9時～18時30分（週六10～17時）
休週日　Ⓔ

2

1.位於格拉本大街正中央的小巧巧克力店
2.盒裝果仁巧克力依大小€12.50～416.20

依照不同需求選擇

熱門飯店LIST

介紹便於觀光的環城大道內及周邊的飯店。
夏季是觀光旺季，觀光客眾多，建議儘早預約。

 克爾特納大街 別冊MAP P8B4 ## Hotel Sacher Wien

以薩赫蛋糕聞名的老字號飯店

飯店創始人的父親，便是薩赫蛋糕的發明者，在1樓的咖啡廳（→P54）可以嘗到鼎鼎有名的薩赫蛋糕。格調高雅的飯店內，陳列多達1000件的藝術品，其中在法蘭茲·約瑟夫一世的親筆簽名旁，裝飾著極盡奢華的刺繡。

DATA 交Ù1、2、4號線Karlsplatz站步行5分
住Pilharmoniker Str. 4 ☎01-514560
金豪華客房€549～ 149間 E R

↑位於維也納國家歌劇院後方 ←以白色為底色的豪華套房一景

 環城大道周邊 別冊MAP P6B1 ## Hotel de France

作曲家布魯克納長期投宿之地

擁有140年歷史的老飯店。深受作曲家布魯克納喜愛，在此創作出無數名曲。外觀為岩石砌成的古典風格，但內部已與時俱進，改為實用且舒適的裝潢。以壽司為主的日本料理餐廳「大八」在當地也很受歡迎。午餐€9.50～。

DATA 交Ù2號線Schottentor站步行1分
住Schottenring 3 ☎01-313680
金高級客房€185～ 194間 E R

↑營業時間6～24時的大廳交誼廳 ←高級套房

 克爾特納大街 別冊MAP P10B1 ## Hotel Bristol Wien

華麗的傳統與格調

1892年創業，維也納的代表性飯店。面向維也納國家歌劇院的房間視野特別好，很受老客戶歡迎。餐廳「Bristol Lounge」（→P68）十分高級。

DATA 交Ù1、2、4號線Karlsplatz站步行4分 住Kärntner Ring 1
☎01-515160 金豪華客房€300～
150間 E R

 環城大道周邊 別冊MAP P11C2 ## Hotel Imperial

曾為迎賓館的飯店

原為符騰堡公爵的宮殿，後為迎賓館招待各國政要，是間具一定格調的飯店。位在環城大道旁，觀光十分方便。2002年時日本天皇夫婦也曾在此下褟。

DATA 交Ù1、2、4號線Karlsplatz站步行5分 住Kärntner Ring 16
☎01-501100 金豪華客房€500～
138間 E R

 環城大道周邊 別冊MAP P10B1 ## Grand Hotel Wien

位在國家歌劇院附近

國家歌劇院步行即到，位置良好。在保留老時代的奢華氛圍之餘，也引進最新設備。飯店內有日本料理餐廳「雲海」（→P69），及法國餐廳「Le Ciel」。

DATA 交Ù1、2、4號線Karlsplatz站步行4分 住Kärntner Ring 9
☎01-515800 金高級客房€430～
205間 E R

Le Méridien Wien

維也納代表性的奢華飯店。位於維也納市中心，環城大道上。離皇宮及國家歌劇院也很近，便於觀光。
DATA 交Ⓤ1、2、4號線Karlsplatz站步行4分
住Opernring13-15 ☎01-588900
金行政客房€295～ 294間

 Hilton Vienna Plaza

位在商業區的中心。近年重新裝潢，營造出時尚雅致的氛圍。擁有行政交誼廳和9間會議室。
DATA 交Ⓤ2號線Schottentor站步行3分
住Schottenring 11 ☎01-313900
金標準客房€280～ 254間

 Marriott Vienna

中央大廳利用玻璃天花板自然採光，整體感覺十分明亮。客房也以溫和的淺色系為主，洋溢舒適寧靜的氣氛。
DATA 交Ⓤ3號線Stubentor站步行5分
住Parkring 12a ☎01-515180
金豪華客房€219～ 323間

 The Ritz-Carlton Vienna

改建自19世紀歷史悠久宮殿的豪華飯店。時尚簡約的客房內提供最高級的衛浴用品。
DATA 交Ⓤ1、2、4號線Karlsplatz站步行6分
住Shubertring 5-7 ☎01-31188
金豪華客房€395～ 202間

 Hilton Vienna

近城市公園的大型飯店。離維也納火車總站及地鐵站很近，對商務人士及行程緊湊的人來說十分方便。
DATA 交Ⓤ3、4號線Landstraße站步行2分
住Am Stadtpark 3 ☎01-717000
金標準客房€225～ 579間

 Inter-Continental Vienna

位於城市公園西邊。電腦及健身房等設備充實，很受商務人士歡迎。客房洋溢優雅氛圍。
DATA 交Ⓤ4號線Stadtpark站步行1分
住Johannesgasse 28 ☎01-711220
金經典客房€249～ 459間

 Hotel Astoria

鄰近國家歌劇院，許多歌劇歌手常投宿於此。飯店內陳列著過去常下榻歌手的肖像。
DATA 交Ⓤ1、2、4號線Karlsplatz站步行6分
住Kärntner Str. 32-34 ☎01-515770
金商務客房€189～ 128間

 Ambassdor Wien

輕歌劇作曲家法蘭茲．雷哈爾常下榻的飯店。擁有100年以上的歷史，重新裝潢後有禁菸房。
DATA 交Ⓤ1、3號線Stephansplatz站步行4分
住Neuer Markt 5/Kärntner Str. 22 ☎01-961610
金經典客房€280～ 89間

 Hotel Kaiserin Elisabeth

1384年創業的老飯店，莫札特與遺傳學之父孟德爾都曾在此留宿。客房風格簡約大方。
DATA 交Ⓤ1、3號線Stephansplatz站步行3分
住Weihburggasse 3 ☎01-51526
金標準客房€220～ 63間

 Hotel Am Konzerthaus Vienna

外觀簡約，展示克林姆作品的藝術飯店。客房沐浴用品為歐舒丹產品。早餐也十分豐盛。
DATA 交Ⓤ4號線Stadtpark站步行5分
住Am Heumarkt 35-37 ☎01-716160
金高級客房€149～ 211間

 Austria Trend Hotel Savoyen Vienna

舒適的客房內統一使用簡單時尚的裝潢，可在此好好休息。貝維德雷宮就在附近。
DATA 交Ⓣ71、0號線Rennweg站步行3分
住Rennweg 16 ☎01-20633-0
金高級客房€141～ 309間

 K+K Hotel Maria Theresia

近維也納博物館區，黃色外觀的飯店。周邊有許多時尚餐廳和酒吧。
DATA 交Ⓤ2、3號線Volkstheater站步行3分
住Kirchberggasse 6 ☎01-52123
金經典客房€280～ 132間

莫札特的故鄉
薩爾茲堡

原文意思為 "鹽之城" 的薩爾茲堡，是因採鹽及相關貿易興盛的城市。由於是莫札特的故鄉，從維也納又可當日來回，也是相當熱門的觀光勝地。

1　MAP
P87

5大必訪景點

薩爾茲堡
城堡

Festung Hohensalzburg

一覽市區美景的中世紀要塞

1077年，羅馬教皇和德意志國王為主教任免權競爭得如火如荼時，薩爾茲堡大主教格布哈德在此建城。其後又經過長達700年的擴建與改建，在18世紀中葉時成為今日所見的樣貌。搭乘往城堡的專用纜車僅需1分鐘左右。內部只能透過導覽參觀，沿路參觀屋頂的瞭望台、主教畫廊、1502年打造的巨大管風琴「薩爾茲堡公牛」等。

DATA
交莫札特廣場步行5分，從乘車處搭乘纜車1分　☎0662-8424-3011　時9〜19時（10〜4月為9時30分〜17時）　休無
金€8（含纜車€11.30）

位於舊城區南側的蒙徹斯山上

從城堡上可將薩爾茲堡市區盡收眼底

在主教畫廊展出歷任大主教的肖像畫及各時期城堡模型

小小資訊　薩爾茲堡城堡內的導覽僅有英語和德語。門票費用包含懸絲木偶博物館及城堡博物館的入場費用。

1.流經城市中心的鹽河 2.坐擁百花爭妍花園的米拉貝爾宮 3.舊城區最熱鬧的蓋特萊德街 4.米拉貝爾宮為電影「真善美」的外景地

2 MAP P87 米拉貝爾宮
Schloss Mirabell

四季百花盛開的宮殿

1606年大主教沃爾夫·迪特里希為其情婦建造的宮殿。目前一部分作為市政廳,可參觀莫札特曾在此演奏的大理石廳、天使階梯、花園。

1.宮殿前的廣闊花園內有花圃、噴水池及雕像
2.以大理石及金箔裝飾的美麗大理石廳

DATA 交莫札特廣場步行15分 ☎0662-8072-2338 時8～18時 大理石廳:8～16時(週二、五13時30分～) 天使階梯:8～18時(視活動調整)庭園:6時～日落 休週六、日 金免費

3 MAP P87 大教堂
Dom

羅馬巴洛克風格的教堂

744年興建但燒毀,1614年重建,融合早期的巴洛克與羅馬建築風格,成為如今所見的面貌。在擁有優美穹頂畫及灰泥裝飾的美麗教堂內,可看到歐洲最大的管風琴及莫札特的受洗盤,還可參觀歷任大主教之墓及大教堂博物館。每天夏天舉辦的薩爾茲堡音樂會,開幕式就是在大教堂前廣場舉行。

1.高99公尺的莊嚴大教堂
2.主祭壇側有莫札特演奏過的管風琴

DATA 交莫札特廣場步行2分 ☎0662-8047-7950 時8～18時(週日13時～、5～9月為～19時、1、2、11月為～17時) 休無 金免費(自由捐獻)

4 MAP P87 莫札特出生地
Mozarts Geburtshaus

音樂天才誕生地

誕生於1756年1月27日的莫札特,到17歲前都住在這棟房子。館內展出莫札特親筆書信及樂譜等莫札特相關物品。

DATA 交莫札特廣場步行5分 住Getreidegasse 9 ☎0662-844313 時9時～17時30分(7、8月為～20時) 休無 金€10(和故居的套票€17) E

位於熱鬧的蓋特萊德街上的黃色建築

5 MAP P87 莫札特故居
Mozart Wohnhaus

多首名曲的誕生之地

莫札特一家於1773～1780年居住的地方。他在這裡創作約200首名曲。館內展示樂譜及樂器。

第二次世界大戰後重建

DATA 交莫札特廣場步行10分 住Makartplatz 8 ☎0662-8742-2740 時9時～17時30分(7、8月為～20時) 休無 金€10(和莫札特出生地的套票€17) E

莫札特廣場
觀光　MAP P87
Mozartplatz

該廣場是城市觀光的起點

廣場中央有莫札特雕像，為城市的中心。原本名為聖米歇爾廣場，1842年莫札特銅像完成後便改名。周圍有許多咖啡廳及伴手禮店，雕像前聳立著世界遺產的紀念地碑。旅客服務中心就在廣場對面，由廣場出發觀光最為方便。

1842年建造的
莫札特紀念雕像

DATA
交薩爾斯堡中央車站步行25分　住Mozartplatz

大教堂區＆主教官邸
觀光　MAP P87
DomQuartier&Residenz

薩爾斯堡歷任主教的官邸

1619年完工的薩爾斯堡主教官邸。掛著豪華高布林壁毯的「謁見廳」等開放參觀。3樓的主教官邸畫廊展示16～19世紀的畫作。

位於莫札特廣場旁的主教官邸廣場上

DATA
交莫札特廣場步行3分
住Residenzpkatz 1　☎0662-80422690
時10～17時（最後入館時間為～16時）　休9～6月的週二
金€12（含主教官邸畫廊等的套票）

聖彼得主教修道院
觀光　MAP P87
St. Petersstiftskirche

德語圈內歷史最悠久的教堂

696年成立的修道院內的教堂。隸屬本篤教派，是德語圈內最古老的教堂。外觀為羅曼風格，內部採用巴洛克、洛可可風格的華麗裝飾。可參觀基督教早期的地下墓室，是歷史悠久的建築。

洋蔥狀的尖塔十分醒目

DATA　交莫札特廣場步行5分
住St. Peter-BezirkI　☎0662-8445760
時10～19時（視季節而異）　休無

蓋特萊德街
觀光　MAP P87
Getreidegasse

有許多鐵製雕花招牌

在狹小的巷弄兩側咖啡廳與商店櫛比鱗次，是舊城區的主要街道。每間店前裝設的雕花鐵招牌是這條街的特色。位在商家之間、稱為「Passage」的狹窄小巷內也有不少店家，不妨進去看看。

總是人聲鼎沸的
200公尺左右小路

DATA　交莫札特廣場步行4分

聖三一教堂
Dreifaltigkeitskirche

有著美麗穹頂畫的巴洛克教堂

1694～1702年由巴洛克建築大師費雪・范・艾爾拉赫所建。一定不能錯過圓頂上的濕壁畫。

教堂内的濕壁畫是羅特邁爾的作品

DATA
交莫札特廣場步行11分
住Dreifaltigkeitsgasse 14
☎0662-877495　時6時30分～18時
（週日8時～）　休無　金免費

蒙徹斯山
Mönchsberg

曾在電影中登場的知名山丘

曾是電影『真善美』外景地的山丘。可將薩爾茲堡城堡及舊城區盡收眼底。

搭電梯可直接登頂

DATA
電梯：交莫札特廣場步行15分
住Gstättengasse 13　☎0662-88849750　時8～19時
（週三～21時、7～8月為～21時左右）　休無　金€3.40

Sternbräu

享受當地啤酒與表演秀

視野絕佳的當地啤酒餐廳。5～10月會舉辦電影『真善美』晚餐秀，含3道主菜全餐€54～。

DATA 交莫札特廣場步行5分
住Festunggasse 10 ☎0662-84 26810
時11～24時
休無 EE

Café Fürst

知名甜點的創始店

發明莫札特巧克力的咖啡廳。莫札特巧克力1顆€1.10，5顆€6.50。也很推薦店家自製蛋糕。

DATA 交莫札特廣場步行3分
住Broadgasse 13 ☎0662-84 3759 時8～20時
（週日9時～）
休無 EE

購物 MAP P87
R. F. Azwanger

薩爾茲堡伴手禮應有盡有

1656年創業的老字號。包括利口酒Schnaps€3.50～，以及近郊產的岩鹽等伴手禮品項也很豐富。

DATA 交莫札特廣場步行6分
住Getreidegasse 15 ☎0662-843394
時10～18時（週六 9時30分～17時，週日～17時）
休1月中旬～3月上旬週日 E

Check! ACCESS

從維也納西站到薩爾茲堡中央車站搭乘RJ鐵路約2小時30分，ÖBBEC、ÖBBIC約3小時，從車站到莫札特廣場步行約20分。飛機1天4～5班需時約50分，機場到莫札特廣場搭計程車約20分。也有從維也納出發的一日遊程（→別冊P14）

●街道漫步POINT

中心區皆採步行觀光即可。以莫札特廣場為中心遊覽較不易迷路。購買可任意搭乘市内交通工具、幾乎所有觀光景點皆免費入場的薩爾茲堡卡，較為方便。

有效期為24小時（€27）、48小時（€36）、72小時（€42）

●旅客服務中心

莫札特廣場 MAP●P87

DATA 　交薩爾茲堡中央車站步行25分　住Mozar tplatz 5 ☎0662-88987-330 時9～18時（視季節而異） 休10月上旬～3月最終週日

追加行程 薩爾茲堡②

世界遺產瓦豪河谷多瑙河渡輪之旅

位於維也納西部，有多瑙河流經的梅爾克到克雷姆斯之間的瓦豪河谷，是以風光明媚的優美景色著稱的區域，可在渡輪上欣賞兩岸美景。

推薦標準行程

維也納西站
　▼ 火車1小時10分
梅爾克站
　▼ 步行20分
梅爾克修道院
　▼ 步行25分
梅爾克碼頭
　▼ 船1小時25分
杜倫斯坦
　▼ 巴士15分
克雷姆斯
　▼ 火車1小時15分
維也納法蘭茲約瑟夫站

矗立在右岸斷崖上的古城

從船上
熊皮爾城堡
Schloss Schönbühel

洋蔥型尖塔十分醒目

座落在從梅爾克出發後約5公里處的右手邊。起源可追溯至西元9世紀，其美麗的外觀有「多瑙河女王」的美譽。

梅爾克
Melk

沿著河岸拓展的城鎮

位於瓦豪河谷上游的位置，坐擁翠綠田野的小巧城鎮。為多瑙河順流而下的出發點，街道兩旁仍有許多建築可看見文藝復興時代的影子。

斯拉夫語中梅爾克意指「水流緩慢的河川」

DATA　旅客服務中心：住 Kremser Str. 5
☎02752-51160　時9時30分～18時（10月、3月下旬～4月下旬為～17時）　休11月～3月下旬

梅爾克修道院
Stift Melk

奧地利數一數二的巴洛克風格建築，為本篤教派的修道院。11世紀時興建，擁有超過十萬冊藏書的圖書館及禮拜堂都值得一看。

DATA　交梅爾克站步行20分
住Stift Melk　☎02752-555232　時9～17時（4、10月為～16時。11～3月僅有11時與14時出發的英語導覽行程）　休無
金€10（英語導覽行程€12）

宛如宮殿般壯麗的外觀

史匹茲站

阿格斯坦城堡

Aggsbach Markt 站

Emmersdorf 站

熊皮爾城堡

梅爾克站

小小資訊　多瑙河渡輪共有5個碼頭。上述推薦的標準行程是搭乘順流而下的渡輪，乘船時間約1小時40分。反向路線由克雷姆斯起航、在梅爾克下船則需花上約3小時。

Check!

ACCESS

梅爾克：從維也納西站搭火車約1小時10分，從梅爾克站到碼頭步行約25分。克雷姆斯：從維也納法蘭茲約瑟夫站搭火車約1小時，到碼頭步行約20分。

●渡輪時刻表

渡輪共有2個公司經營。費用為單程€24，去回€29（2015年度）。船票可在碼頭直接購買。

下行							上行						
11:00	13:50	13:45	-	16:25	-	梅爾克 ↑	↓ 13:30	13:20	16:05	17:30 ※	-	18:50
12:00	14:40	14:35	17:05	17:10	17:25	史匹茲 ↑	↓ 11:40	11:45	14:45	17:00 ※	17:30	17:20
12:30	15:10	15:05	17:30	-	17:50	杜倫斯坦 ↑	↓ 10:40	10:50	13:40	16:10	16:20	-
12:50	15:30	15:30	17:55	-	18:10	克雷姆斯 ↑	↓ 10:10	10:15	13:10	15:40	15:45	-
C	A	B	D	C	C		B	A	C	D	D	C

※史匹茲下船後，可轉乘接駁巴士往梅爾克

紅　Brandner Schiffahrt ☎07433-259021　URL www.brandner.at/
藍　DDSG ☎01-58880-437　URL www.ddsg-blue-danube.at/
航行日→A：4/18～10/26　B：4/18～10/26　C：5/1～10/4　D：5/1～10/4

從船上
白教堂鎮
Weißerkirchen

世界知名的白葡萄酒產地

以雷司令白葡萄酒的發源地聞名。有得獎酒莊及可了解葡萄加工歷史的葡萄酒博物館。

中世紀要塞教堂的守衛塔

順道拜訪
克雷姆斯
Krems

也是知名葡萄酒產地

保留濃厚中世紀色彩的小鎮。也以活躍於16世紀初期藝術畫家一脈──多瑙畫派的據點聞名。

座落許多葡萄酒莊

克雷姆斯站
杜倫斯坦站
往維也納
多瑙河
Weißerkirchen站

杜倫斯坦
Dürnstein

童話世界就在眼前

被譽為"瓦豪河谷的珍珠"，宛如童話世界般的可愛街景是其魅力所在。可參觀曾幽禁英國國王的城堡遺址及修道院等景點。

洋溢中世紀風情的小鎮

DATA 旅客服務中心（鎮公所）：住Dürnstein 25 ☎02711-219　時8～12時（視季節而異）　休10月中旬～4月中旬

就在右前方的山丘上

從船上
阿格斯坦城堡
Burg Aggstein

昔日的強盜城堡

據傳15世紀時曾為強盜騎士占據，關押俘虜。位在小山丘上的古堡看出去的景觀極佳。

St. Pölten站

克恩林加堡遺址（右上）。水藍色的建築為科亞赫倫修道院

必訪
克恩林加堡遺址
Kuenringerhof

英國的獅心王理查，在第三次十字軍東征歸途中被幽禁在這裡。往城堡的坡道不太好走，但可看到河谷的絕佳美景。

DATA 交碼頭步行30分　時休金自由參觀

科亞赫倫修道院
Chorherrenstift

建於18世紀初的巴洛克風格修道院。位在城鎮中心，在高塔的陽台上可一覽多瑙河的美景。

DATA 交碼頭步行5分　住Pfarramt Dürnstein
☎02711-227　時9～18時（週日10時～）　休11～3月　金€3

多瑙河畔的美麗都市
布達佩斯

匈牙利的首都布達佩斯，是有「多瑙河上的明珠」美譽的美麗都市。
以多瑙河為界，兩岸分別為布達區與佩斯區，座落著許多歷史建築。

1.馬提亞斯教堂的主祭壇　2.多瑙河流經都市中心　3.佩斯區的都會區．瓦西大街　4.鎖鏈橋的石獅　5.從城堡山上所見的鎖鏈橋夜景

Check!

街道漫步POINT

以多瑙河為界，西岸是皇宮所在的布達區，東岸則是商業設施林立的佩斯區。景點多集中在以橫跨多瑙河的鎖鏈橋為中心，半徑約2公里的區域內。若想有效率地在市區移動，可利用有4條路線的地鐵或路面電車、巴士。
※維也納出發的交通方式→P130

Bagolyvár Étterem P92
布達佩斯美術館
Batthyány tér
馬提亞斯教堂 P91
Hősök tere P92 市民公園
英雄廣場 P92
西站
國會大廈
Széll Kálmán tér
國家歌劇院
漁夫堡 P91
鎖鏈橋 P91
城堡山 P91
聖伊什特萬聖殿 P91
東站
南站
Vörösmarty tér
Deák Ferenc tér
布達皇宮 P91
布達區
瓦西大街
伊莉莎白橋
國立博物館
佩斯區
Gerbeaud P92
Herend Apponyi
Márkabolt P92
Déli pályaudvar
自由橋
中央市場
P92
蓋勒特丘陵
P92

N

0　　500m

若要前往皇宮，可搭乘布達區鎖鏈橋畔附近的纜車（單程1100Ft），此外也可在地鐵2號線Széll kálmán tér站前搭乘16、16A、116路巴士都很方便。

必訪景點Best3

往Széll Kálmán tér

軍事歷史博物館　中世紀猶太教堂
瑪麗亞
瑪丹娜教堂
Hilton Budapest
B——漁夫堡
馬提亞斯教堂　　A
SZENTHÁROMSÁG TÉR　聖三位一體廣場
金礦局
博物館
DISZ TÉR VÁ.
城堡巴士　（城堡巴士折返點）
路線　　　　　　皇宮劇院
城堡山
國家美術館　　　　皇宮纜車

布達皇宮

布達佩斯
歷史博物館

0　100m　N

1 | MAP P90 | 城堡山
Várhegy

外觀氣勢莊嚴
的皇宮

城堡山
觀光重點

名列世界遺產的美麗山丘

城堡山位在多瑙河西岸的布達區，是南北長約1.5公里的丘陵區。城堡山上建有匈牙利歷代國王居住的布達皇宮，是布達佩斯的觀光重點。除了皇宮之外還有許多景點。

A 馬提亞斯教堂
Mátyás templom

13世紀時，貝拉四世下令建造皇宮時，同時興建的教堂。教堂內有壯觀的濕壁畫以及色彩鮮豔的彩繪玻璃，十分美麗。附設博物館。

DATA 交皇宮纜車終點站步行10分
住Országházu. 14　☎06-1-355-5657
時9～17時（週六～13時、週日13時～）　休無
金1200Ft（含頂樓的博物館）

B 漁夫堡
Halászbástya

1899年起費時6年建成的新羅曼風格要塞。是能遠眺多瑙河及佩斯地區，市區數一數二的瞭望台。

DATA
交皇宮纜車
終點站步行
10分
金700Ft
（冬季免費）

C 布達皇宮
Budavári Palota

在多次戰爭中遭到破壞，數度重建的皇宮，現今的建築為1950年代修復的。內部對外開放為美術館、博物館。

DATA
交皇宮纜車
終點站步行
3分
住時金
視設施而異

2 | MAP P90 | 鎖鏈橋
Széchenyi Lánchíd

橫跨多瑙河兩岸的都市地標

連結布達區與佩斯區最古老的橋樑。由當時最有權有勢的賽切尼伯爵下令建造，1849年完工。鎖鏈橋兩端的4隻石獅是橋樑的象徵。

DATA 交M1、2、3號線Deák Ferenc tér站步行10分

在戰爭中遭破壞，1949年修復

3 | MAP P90 | 聖伊什特萬聖殿
Szt. István Bazilika

市區最大規模的大教堂

供奉著定基督教為國教的第一代國王伊什特萬的大教堂。教堂內展出伊什特萬右手的木乃伊。

DATA 交M1號線Bajcsy-Zsilinszkyút站步行3分
☎06-1-338-2151
大教堂：時9～19時　休無
金200Ft（捐款）
寶物館：時10時～16時30分（7～9月為～18時30分）　休11～3月
金400Ft　觀景台：時10時～16時30分（7、8月為～18時30分）
休11～3月　金500Ft

1851年起費時54年興建的大教堂

蓋勒特丘陵
觀光　MAP P90　Gellért-hegy

海拔235公尺的觀景地點
位於伊莉莎白橋到自由橋一帶。丘陵頂端是建有要塞的觀景地點。手持棕櫚葉的女性雕像是此地地標。

DATA　交Ⓣ18・19・47・49號線Móricz Zsigmond körtér站轉乘27路巴士5分，Busuló Juhász（Citadella）站下車，步行2分　時休自由參觀

英雄廣場
觀光　MAP P90　Hősök tere

匈牙利建國1000年的紀念廣場
正中央的建國紀念碑高35公尺，大天使加百列站在頂端，周圍環繞馬札爾七部族的族長。環繞紀念碑的是包含歷代國王及對獨立戰爭有貢獻的貴族等共14位英雄雕像。

DATA　交M1號線Hősök tere站步行1分　時休自由參觀

布達佩斯美術館
觀光　MAP P90　Szépművészeti Múzeum

收藏眾多歐洲各國畫作
展出艾斯特哈齊家收藏的藝術作品。義大利及西班牙畫作館藏眾多，其中包括哥雅及拉斐爾等大師的作品。

DATA　交M1號線Hősök tere站步行3分　住Dózsa Ggörgy út 41　☎06-1-4697100　時10～18時　休週一　金1800Ft（特別展另計）Ⓔ

Bagolyvár Étterem
餐廳　MAP P90

知名餐廳的姐妹店
廚房及餐廳裡的工作人員全都是女性，營造出溫馨的氣氛。以紅椒雞肉2900Ft等匈牙利家常菜為主。

DATA　交M1號線Hősök tere站步行3分　住Gundel Károly út 4　☎06-1-4683110　時12～23時　休無 ⒺⒺ

Gerbeaud
咖啡廳　MAP P90

布達佩斯最具代表性的老咖啡廳
1858年創業的咖啡廳。挑高的天花板和沉穩莊重的室內裝潢散發出傳統氣息。茜茜公主喜歡的德布西蛋糕1650Ft。

DATA　交M1號線Vörösmarthy tér站步行1分　住Vörösmarthy tér 7　☎06-1-4299000　時9～21時　休無 ⒺⒺ

Herend Apponyi Márkabolt
商店　MAP P90

高級陶瓷器品牌直營店
1862年創業的高級陶瓷器品牌Herend。1842年成為匈牙利皇室御用品牌。最受歡迎的系列是「維也納的玫瑰」。

DATA　交M1號線Vörösmarthy tér站步行2分　住József Nádor tér 11　☎06-1-3172622　時10～18時（週六～14時）　休週日 Ⓔ

Check! 布達佩斯快速入門

概要
匈牙利的首都，語言為匈牙利語。與台灣時差7小時，夏令時間差6小時。商品有5～27%的附加稅。

入境條件
歸國時護照的有效期限需至少三個月。180日間90天以內的觀光不需簽證。若從維也納不需護照即可入境。

出入境限制
若搭飛機入境，免稅範圍（菸酒類）同奧地利（→P126）。若從維也納與布拉格經陸路入境，會比空路的免稅範圍寬鬆。詳情請見URLwww.nav.gov.hu/

貨幣與匯率
貨幣單位為福林Forint（Ft）。€1＝313Ft（2015年9月時）。也可使用歐元，但僅限部分商店。

小小資訊　1897年開張的布達佩斯人的廚房——中央市場Nagyvárcsarnok（MAP/P90 時6～18時（週一～17時，週六～15時）※視店家而異　休週日）內可找到紅椒粉及鵝肝醬等各式當地名產。

布拉格

完整保留中世紀的街道，

被譽為全世界最美的城市。

城市不大，但絕對可盡情享受

觀光、美食、購物的樂趣！

布拉格
區域Navi

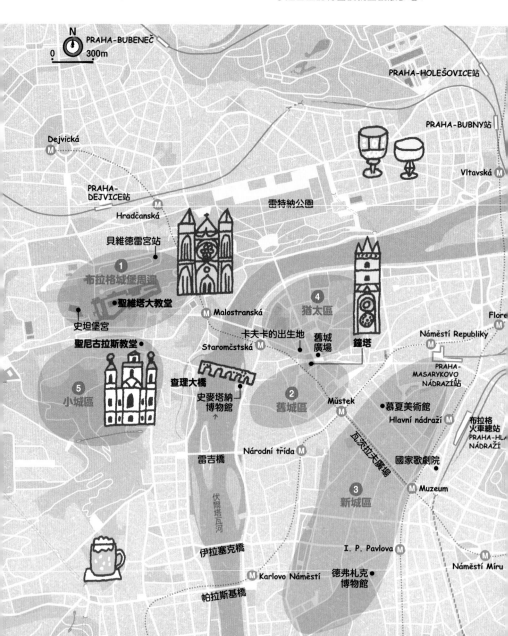

出發前check!

布拉格的景點十分集中，
主要觀光區位在伏爾塔瓦河
兩側的東岸和西岸。
各區均為可步行逛遍的範圍，
掌握各區的特色後就出發散步吧！

N
0 300m

PRAHA-BUBENEČ

PRAHA-HOLEŠOVICE站

PRAHA-BUBNY站

Dejvická Ⓜ

Vltavská Ⓜ

PRAHA-
DEJVICE站

雷特納公園

Hradčanská Ⓜ

貝維德雷宮站

① 布拉格城堡周邊

聖維塔大教堂

史坦堡宮

聖尼古拉斯教堂 ●

Ⓜ Malostranská

④ 猶太區

Flore

Náměstí Republiky

卡夫卡的出生地

舊城廣場

鐘塔

Staroměstská Ⓜ

PRAHA-
MASARYKOVO
NÁDRAŽÍ站

⑤ 小城區

查理大橋

史麥塔納博物館 ↑

② 舊城區

Můstek Ⓜ

● 慕夏美術館

Hlavní nádraží Ⓜ

布拉格火車總站
PRAHA-HLA
NÁDRAŽÍ

雷吉橋

Národní třída Ⓜ

瓦茨拉夫廣場

國家歌劇院 ●

③ 新城區

Ⓜ Muzeum

伏爾塔瓦河

伊拉塞克橋

I. P. Pavlova Ⓜ

Ⓜ

Náměstí Míru

Ⓜ Karlovo Náměstí

德弗札克博物館

帕拉斯基橋

1 布拉格城堡周邊 →P96
Pražský hrad a okolí/別冊MAP●P22

布拉格城堡下的風光
位在伏爾塔瓦河西岸、查理大橋以北的區域。該區有眾多觀光景點，如聳立在小山丘上的布拉格城堡，以及斯特拉霍夫修道院（→P104）、羅瑞塔教堂（→P105）等。全區皆位在高地，可一覽舊城區的美麗景致。尤其是往布拉格城堡的舊步道，是可以遠眺葡萄園對面舊城區的絕佳位置。

最近車站　Ⓜ A線Malostranská站、Ⓣ 22號線Pražský hrad站

2 舊城區 →P98
Staré Město/別冊MAP●P24

洋溢中世紀的氣息
10世紀左右作為商業中心而興起的地區，也是布拉格觀光的據點。該區的中心舊城廣場（→P99）周邊座落著舊市政廳、聖尼古拉斯教堂等14～19世紀的歷史建築，也有不少咖啡廳和商家。縱橫交錯的石板小路兩旁都是古老的建築，在小巷弄間散步也別有一番樂趣。

最近車站 Ⓜ A線Staroměstská站、Ⓣ 17、18號線Staroměstská站

3 新城區 →P102
Nové Město/別冊MAP●P24-25

布拉格最繁華的商業區
以瓦茨拉夫廣場（→P102）為中心的新城區，是有多家大型百貨公司的購物區，觀光客和當地人熙來攘往。和舊城區分界的民族大街，兩旁都是19～20世紀建造的美麗建築，巷弄內也能找到不少骨董店。周邊有許多美術館和劇院等設施。

最近車站 Ⓜ A、B線Můstek站，A、C線Muzeum站等

4 猶太區 →P99
Josefov/別冊MAP●P24

與卡夫卡相關的地方
位在舊城區北邊，過去是猶太教徒聚居的區域，也是中歐最古老的猶太社區。有不少猶太教堂和墓園，也以卡夫卡的出生地（→P106）所在聞名。也別錯過高級名牌店林立的巴黎大道！

最近車站 Ⓜ A線Staroměstská站

5 小城區 →P107
Malá Strana/別冊MAP●P23

貴族聚居的城區
保存許多17～18世紀時興建的貴族宅邸、教堂等建築的古老城區，由狹窄的巷弄和廣場、庭園等組成。推薦可到涅魯達瓦街尋找伴手禮。千萬別錯過在沒有門牌號碼的時代，藉以替代住址的家徽和浮雕。

最近車站 Ⓣ Malostranské náměstí站

到布拉格就要來這裡！

規模世界第一的
布拉格城堡參觀焦點

布拉格城堡聳立於山丘上。近看一定會為它壯觀的美所折服。
以下完整介紹城內景點，讓您120％享受這個布拉格最重要的觀光景點。

別冊
MAP.
P23C2

布拉格城堡
Pražský hrad

守護城市的布拉格地標

歷代波西米亞國王的皇城。建設始於9世紀後半，現在
看見的城堡是布拉格最繁榮的14世紀、查理四世統治時
的模樣。布拉格城堡歷經統治者更迭不斷改建，因此成
為融合多種樣式的珍貴建築遺產。境內有教堂和舊皇宮
等眾多景點。

正門前每到整點會有衛
兵交接儀式。尤其12時
還加入樂器演奏，規模
最大

在舊城步道上遇
見的街頭藝人

DATA　交Ⓣ22號線Pražský hrad站步行3分　住Pražský hrad
☎224-371-111　時5～24時（11～3月為6～23時）　休無　金視參
觀設施而異，共6種價格。B路線（短程）250Kč：舊皇宮、聖喬治教
堂、黃金巷、聖維塔大教堂　A路線（長程）350Kč：B路線加上常設
展「布拉格城堡的故事」、聖喬治女修道院、舊皇宮美術館、火藥
塔、羅森堡宮 Ⓔ

黃金巷22號的小屋
曾是卡夫卡的工作室

小小
資訊

衛兵交接儀式十分熱門，若想找個好地點觀賞記得早點前往。
12時的儀式中，在門內側才能看見樂隊及盛大的交接儀式。參觀時要特別小心扒手。

A 聖維塔大教堂
Kathedrála Sv.Víta

費時600年建造的哥德式建築

布拉格城堡內雄偉壯觀的大教堂。原本是羅曼風格的教堂，14世紀中葉起開始改建，1929年竣工。慕夏創作的彩繪玻璃（→P101）和使用2噸純銀的聖約翰‧尼伯繆克之墓最為出名。

DATA ☎257-531-052 （時）9～17時（11～3月為～16時）※週日為12時開館 （休）無

1.大教堂正面。入口上方的玫瑰窗彩繪玻璃十分美麗 2.寬50公尺，縱深124公尺空間寬敞的禮拜堂

B 聖喬治教堂
Bazilika A Klášter Sv.Jiří

布拉格城堡內最古老的建築

西元920年建造的教堂，被譽為波希米亞最美的羅曼式建築。17世紀增建的紅磚色外牆及後方高聳的兩座白塔令人印象深刻。不要錯過禮拜堂深處的穹頂畫『頂棚的耶路撒冷』。

DATA ☎257-531-622 （時）9～17時（11～3月為～16時） （休）無

1.請注意兩座尖塔的寬度略微不同 2.中殿內有霍什米索王朝家族之墓

聖維塔 Ⓐ 大教堂
Ⓑ 聖喬治教堂
↓火藥塔
售票處
北門
往舊進城步道
Ⓓ 黃金巷
舊皇宮美術館
羅森堡宮

正門
常設展
Ⓒ 舊皇宮
聖喬治女修道院

C 舊皇宮
Starý Královský Palác

歷代波希米亞國王的皇宮

維拉迪斯夫大廳有著宛如花朵般的美麗樑柱，是舊皇宮內最大的賣點。加冕儀式及現今的總統大選都在此舉行。在陽台可遠眺布拉格的街景。

DATA ☎224-373-102 （時）9～17時（11～3月為～16時） （休）無

1.肋拱頂的維拉迪斯夫大廳 2.加冕儀式使用的皇冠複製品 3.國事紀錄廳的天花板上畫滿官員的家徽

D 黃金巷
Zlatá Ulička

彩色小屋林立的小巷

傳說16世紀時的城主魯道夫二世令鍊金術士聚居在此，是黃金巷一名的由來。共有15間房子相連，如今為商店及畫廊。2樓展出中世紀的鎧甲及武器。

17時（11～3月為16時）後可免票入場

DATA （時）9～17時（11～3月為～16時） （休）無※17時（11～3月為16時）後不可進入建築內

---

and more...

黃金巷最推薦的雜貨店
Kolos Alchemist

由捷克的工坊手工製作的錫製書籤特別受歡迎。買十送一。

DATA ☎266-033-603 （時）9～17時（11～3月為～16時） （休）無 英 書籤共22種。一個150Kč

從查理大橋往舊城區
中世紀街道漫步

舊城區保留11～18世紀各式各樣的建築。實際走過一趟即可理解為何布拉格又稱"歐洲建築博物館"。漫步在迷宮般的小巷，仔細品味中世紀風情！

從舊城區側橋塔
眺望查理大橋

舊城區	別冊 MAP P24A2

查理大橋
Karlův most

布拉格最古老的石橋

1357年在查理四世的命令下動工。之後建築師彼得・帕爾萊共費時60年才完成。為當時連接城市東西側唯一的橋樑，又稱「國王之路」，用於歷代國王的加冕典禮及騎馬決鬥等場合。可邊欣賞橋樑兩側的30座雕像及街頭藝人表演。

DATA 交MA線Staroměstská站步行5分

必訪POINT

2 聖女呂佳田像
為了想親吻傷口的聖女，十字架上的基督彎下身子的雕像。被認為是橋上最美的雕像。

> TOWER VIEW

4 舊城區側的橋塔
可同時看見查理大橋與布拉格城堡，反方向則是舊城區的街景。
DATA ☎224-220-569
時10～22時（視季節而異）
休無 金90Kč

3 聖約翰・尼伯謬克像
流傳著只要觸摸基座浮雕上遭扔下橋的聖約翰・尼伯謬克，就能獲得幸運的傳說。

> TOWER VIEW

1 小城區側的橋塔
可遠望布拉格城堡及小城區櫛比鱗次的紅屋瓦建築。
DATA ☎607-050-434 時10～22時
（視季節而異）休無 金90Kč

由火藥塔穿過舊城廣場、經查理大橋通往布拉格城堡的這段路稱為「國王之路」。
全長達2.5公里，過去用來舉行國王加冕典禮遊行等活動。

舊城區　別冊MAP P24B2

舊城廣場

Staroměstské nam.

舊城區的中心地！

舊城區觀光的起點。各種建築風格的歷史建築林立，加上馬車行駛在廣場上的景象，營造出宛如穿越時空回到中世紀般的氣氛。周圍有許多咖啡廳和商家、攤販，總是十分熱鬧。

DATA　交Ⓜ A線Staroměstská站步行5分

廣場中央聳立著捷克民族英雄揚‧胡斯的雕像

A 聖尼古拉斯教堂

Chrám Sv. Mikuláše

別冊MAP●P24B2

18世紀前半建造的教堂。天花板上根據聖經所描繪的濕壁畫相當值得一看。時常舉辦音樂會。

DATA　住Staroměstské nám.27a　☎601-358-028　時10～16時（週日11時30分～）　休無　金免費

現為胡斯教派的教堂

B 石鐘屋

Dům U Kamenného Zvonu

別冊MAP●P24B2

位在金斯基宮隔壁，14世紀興建的哥德式建築。裡面曾舉辦現代繪畫展等展覽。

DATA　住Staroměstské nám.13　☎224-828-245　時10～18時　休週一　金120Kč

位於建築物角落的鐘為16世紀建造

C 舊市政廳

Staroměstská Radnice

別冊MAP●P24B2

最早的建築可追溯至11世紀，但現在的外觀是二次戰後復原的面貌。建築內裝飾歷史畫作。高達69公尺的鐘塔，是可360度欣賞舊城區及布拉格城堡的觀景點。

DATA　住Staroměstské nám.1/3　☎236-002-629　時9～18時（鐘塔為～22時。週一皆11時～）　休無　金舊市政廳100Kč，鐘塔110Kč（套票160Kč）Ⓔ

猶太區　卡夫卡的出生地 P106　Pařížská　金斯基宮 P105　N

聖尼古拉斯教堂　揚‧胡斯像　B 石鐘屋　0　50m

舊城廣場　Moser P114　E 提恩教堂

U radnice　舊市政廳　步行約1分　Celetná

地鐵A線 Metro A　C　Zelezná

ⓘ　D Café Mozart

小廣場　Erpet P114

參觀重點！

15世紀時打造的天文鐘。每整點會出現基督十二門徒的雕像

Check！

稍微走遠一些往猶太區

從舊城廣場往北走就是中歐歷史最悠久的猶太區。其中還保留了古老的猶太教堂與墓園，目前為猶太博物館（→P107），對外開放。

D Café Mozart

別冊MAP●P24B2

位於舊市政廳前的咖啡廳。可看見天文鐘的2樓窗邊座位很受歡迎。除招牌蘋果派70Kč外，還提供約10種蛋糕。

DATA　住Staroměstské nám.22　☎221-632-522　時7～22時（週三～六～19時30分）　休無　ⒺⒺ

微甜的草莓蛋糕60Kč

E 提恩教堂

Kostel Matky Boži Před Týnem

別冊MAP●P24B2

宗教改革時胡斯教派的據點教堂。高達80公尺的兩座尖塔被譽為布拉格最美的裝飾。

DATA　住Staroměstské nám.604　☎222-318-186　時10～13時、15～17時（週日10時30分～12時）　休無　金免費（捐獻約20Kč）

2座尖塔之間的聖母像閃閃生輝

帶著敏銳的感官來趟街道漫步

新藝術運動大師
慕夏世界巡禮

阿爾豐斯·慕夏為代表捷克的世界級畫家（捷克語發音為慕哈）。
除了美術館，在街頭散步時別忘了欣賞街上隨處可見的慕夏藝術品。

『吉絲夢妲』
Gismonda（1884年）

當紅女星莎拉·貝恩哈德主演的舞台劇『吉絲夢妲』的宣傳海報。儘管委託條件嚴苛，製作時間僅一週，慕夏還是創作出具有細膩美感的精美作品。此畫得到好評，令慕夏一躍成為當紅畫家。

『風信子公主』
Princezna Hyacinta（1911年）

回到捷克後隔年創作的畫作。模特兒是捷克當紅舞台劇女伶安度拉·賽德拉訏可娃。畫中眼神純真的女性身著斯拉夫民族服飾，讓人感受到慕夏的思鄉之情。

PROFILE

阿爾豐斯·慕夏
Alfons Mucha（1860～1939年）

生於捷克東南部布爾諾近郊的城鎮，在慕尼黑和巴黎學習繪畫。因接下巴黎的大明星莎拉·貝恩哈德的委託創作『吉絲夢妲』，成為當紅畫家。回到捷克後，活躍於海報設計和建築裝潢界。利用融入花草和曲線的新藝術風格呈現女性之美，畫風獨樹一格，至今仍十分受歡迎。

新城區 | 別冊 MAP P25C3 | **慕夏美術館**
Muchovo Muzeum

超過100件的館藏

作品分為旅居巴黎時期與捷克歸國時期展示。除了海報、裝飾版畫、油畫外，並展出聖維塔大教堂彩繪玻璃的草稿。館內也會放映介紹慕夏作品及生平的影片。

DATA　交MA、B線Můstek站步行5分
住Panská 7
☎224-216-415
時10～18時　休無
金240Kč E

將慕夏的周邊商品帶回家

在美術館內的商店，售有以慕夏的作品為主題的周邊商品。

「風信子公主」等代表作的紙鎮各200Kč

令人印象深刻的啤酒女性「沐斯啤酒」滑鼠墊69Kč

旅居巴黎時的大作「四季」系列明信片1張20Kč

高雅沉穩的用色十分吸引人的畫作「綺思」馬克杯350Kč

小小資訊

「Kavárna Obecní Dům」12時左右起會在店內寄物櫃附近販售海報1張200Kč～等的慕夏周邊商品。不妨試著找找美術館商店沒有的品項。

布拉格城堡周邊 別冊MAP P22B2

聖維塔大教堂

Kathedrála Sv.Víta

沉醉於奪目的繽紛色彩中

慕夏的大作『聖西里爾和聖美多德』即使在教堂內眾多彩繪玻璃中依然特別耀眼。玻璃上描繪9世紀時將聖經翻譯為斯拉夫語傳教的兩兄弟。慕夏風格的柔和曲線及繽紛的色彩十分美麗。

DATA→P97

1. 位於入口處左手邊數來第三扇窗
2. 中央所繪的聖瓦茨拉夫像靈感來自慕夏的兒子弈志
3. 作品下方有慕夏的簽名

舊城區 別冊MAP P25C2

市民會館

Obecní Dům

新藝術建築的代表

1911年興建，由二位建築師合力完成。最大亮點為由慕夏設計室內裝潢的「市長廳」。館內僅開放導覽參觀，也會介紹音樂節「布拉格之春」的舉辦會場「史麥塔納廳SmetanovaSin」。

DATA 交MB線Námĕsti Republiky站步行2分 住nám. Republiky 5 ☎222-002-101 時10～20時（不定時舉辦導覽） 休不定休 金290Kč（英語導覽） E

1. 有以斯拉夫民族團結為主題壯觀穹頂畫的市長廳
2. 也別錯過窗簾上孔雀圖案的刺繡
3. 入口上方的馬賽克鑲嵌畫十分精緻美麗

舊城區 別冊MAP P25C2

Kavárna Obecní Dům

慕夏作品巡禮結束後在此小憩

位於市民會館1樓，新藝術風格的咖啡廳。水晶燈自挑高天花板垂下，散發柔和光芒，營造出溫暖的氣氛。除了有將近10種的蛋糕，午、晚餐的餐點也有多種選擇。

DATA 交MB線Námĕsti Republiky站步行2分 住nám. Republiky 5 ☎222-002-763 時7時30分～23時 休無 E E

1. 早晨陽光照進店內十分舒適。可來這享用早餐
2. 放上大量當季水果的水果塔100Kč
3. 菜單上印著慕夏畫作

在布拉格市民熙來攘往的新城區漫步

曾是"布拉格之春"發生地的新城區，是當地年輕人聚集的熱鬧區域。
享受一趟博物館、商店、咖啡廳巡禮，自由自在地隨性漫步吧！

街頭漫步POINT

盡情遊覽熱鬧的瓦茨拉夫廣場後，就去逛逛民族大街吧。除了有百貨公司和咖啡廳，在巷弄內轉一轉還能找到小教堂和古董店等。新城區的路面電車相當方便，不妨善加利用。

1.在街上看到的當地時髦路人　2.以為是電車竟然是咖啡廳！　3.尋找啤酒品牌的招牌也是一種樂趣

A 別冊MAP P25C3 　●大街
瓦茨拉夫廣場

Václavské nám.

新城區的主要街道

從國家博物館一路延伸至地鐵Můstek站，長約750公尺的大街。靠近國家博物館處立有傳說中波希米亞第一任國王聖瓦茨拉夫的騎馬雕像。道路兩旁商店和咖啡廳林立，聚集許多當地和外地觀光客。

DATA　交MA・B線Můstek站步行即到　住Václavské nám

1.「布拉格之春」中為抗議蘇聯軍隊占領捷克而自焚的揚・帕拉赫之墓
2.布拉格的英雄，聖瓦茨拉夫騎馬像默默地守護街道

B 別冊MAP P24B4 　●劇院
兒童戲偶劇場

Divadlo Minor

觀賞正統的人偶劇與舞台劇

主要上演劇作家原創作品的劇場。雖說表演使用捷克語，但因為是針對兒童客群，內容十分簡單易懂。一天有1～3場公演，可上網購票。

DATA　交①3・9・14・24號線Vodičkova站步行2分　住Vodičkova 6　☎222-231-351　時休金視劇目而異　E

C 別冊MAP P25C4 　●博物館
國家博物館
Národní Muzeum

捷克最大的綜合博物館

歷史展品、化石、動植物標本等多樣化館藏十分吸引人的博物館。2014年12月時因整修休館中（預定2015年春重新開放新館，2018年全館重新開放）。

DATA　交MA・C線Muzeum站步行即到　住Václavské nám 68　國立博物館新館　☎224-497-111　時10～18時（第1週三～20時）　休無　金110Kč　E

小小資訊　捷克被譽為「全世界最愛狗的國家」。在街上隨處可見主人帶狗散步。不僅可帶進餐廳，只要買張狗狗專用票連大眾交通工具都可搭乘。大部份的狗都訓練得很好，不必擔心。

"布拉格之春"是？

1968年春～夏的民主改革運動。對於政權受到蘇聯影響，捷克人民不滿情緒日益高漲，引發爭取自由的民主化運動。但最終遭到蘇聯佔領的華沙公約軍武裝鎮壓。當時戰車成隊開進瓦茨拉夫廣場，大批布拉格市民湧入廣場抵抗。

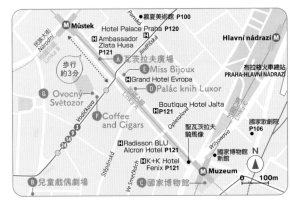

慕夏美術館 P100
M Můstek
Hotel Palace Praha P120
H Ambassador Zlata Husa P121
A 瓦茨拉夫廣場
E Miss Bijoux
步行約3分
G Ovocný Světozor
Grand Hotel Evropa
D Palác knih Luxor
Boutique Hotel Jalta
F Coffee and Cigars
聖瓦茨拉夫騎馬像
H Hotel Jalta P121
Radisson BLU Alcron Hotel P121
K+K Hotel Fenix P121
M Muzeum
B 兒童戲偶劇場
C 國家博物館
Hlavní nádraží M
布拉格火車總站 PRAHA-HLAVNÍ NÁDRAŽÍ
國家歌劇院 P106
國家博物館 新館
0　　100m
N

別冊 MAP P25C3

D ●書

Palác knih Luxor

布拉格規模最大的書店

就如店名「書的宮殿」所示，在4層樓建築內陳列8萬5000本以上不同書名的書。2樓設有童書區，可愛的繪本是熱門的伴手禮。

DATA 交 MA·B線Můstek站步行5分 住 Václavské nám. 41 ☎296-110-351 時8～20時（週六9～19時、週日10～19時）休無 E

1.童話作家約瑟夫·拉達的代表作「MIKES」269Kč
2.在日本很受歡迎的Krtek的繪本「Krtek a televize」169Kč

別冊 MAP P25C3

E ●飾品

Miss Bijoux

購買捷克飾品的好去處

在展示櫃中有許多使用石榴石及捷克串珠做的飾品。大多是花朵及動物造型，價格也十分親民。

DATA 交 MA·B線Můstek站步行3分 住 Václavské nám. 23 ☎224-213-627 時10～20時（週六、日～18時）休無

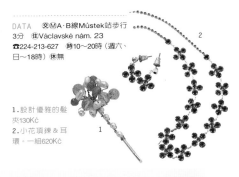

1.設計優雅的髮夾130Kč
2.小花項鍊＆耳環。一組620Kč

---

and more… 肚子餓了就到這裡！

別冊MAP●P25C3

F **Coffee and Cigars**

舒適宜人的咖啡廳

近瓦茨拉夫廣場，適合小憩的方便咖啡廳。除了提供鮭魚義大利寬麵161Kč（圖）等義大利麵外，還有多達10種蛋糕。店內有Wi-Fi。

DATA 交 MA·B線Můstek站步行5分 住 Vodičkova 39 ☎775-433-838 時8～23時（週六10時～22時30分、週日10～22時）休無 E E

別冊MAP●P25C3

G **Ovocný Světozor**

當地人氣No.1的義式冰淇淋

在市區有8間店面的甜點店。常備約10種口味的義式冰淇淋。標示"Super Ovocna"的冰淇淋不添加砂糖，可享受食材原本的甘甜。1球17Kč～。

DATA 交 MA·B線Můstek站步行5分 住 Vodičkova 39 ☎224-946-826 時8～21時（週六、日9時～）、夏季會延長 休無 E E

小小的城裡凝聚許多觀光景點

還有更多
布拉格觀光景點

紅瓦屋頂與石板路、藝術建築櫛比鱗次的布拉格處處都是景點。雖說大多數景點都在舊城區出發步行可達的範圍內，若有效利用路面電車和地鐵，就能逛遍更多地方。

修道院 別冊MAP P22A3 ●布拉格城堡周邊

斯特拉霍夫修道院
Strahovský klášter

絕不能錯過壯觀的濕壁畫

12世紀時興建的普雷蒙特隱修會修道院。現為歷史圖書館，共有20萬冊藏書，包括『斯特拉霍夫福音』、古本聖經『Šelmberská bible』、『斯特拉霍夫草藥圖鑑』等多部貴重古書。「神學廳」和「哲學廳」的巴洛克風格裝潢及大花板的濕壁畫十分壯觀。

DATA 交①22、25號線Pohořelec站步行1分
住Strahovské nádvorí 1/132 ☎233-107-718 時9～12時、13～17時 休無 金80Kč

1.哲學廳的穹頂畫出自18世紀畫家茂伯特施茨之手 2.位在視野極佳的山丘上

庭園 別冊MAP P23C1 ●布拉格城堡周邊

皇家花園
Královská zahrada

百花與綠意交織的布拉格城堡花園

位於布拉格城堡北側的義大利風格庭園。穿過第二中庭北側的門就有通往花園的路，也可當作參觀途中的休息地點。

DATA 交布拉格城堡正門步行3分
住Královská zahrada
☎224-371-111
時10～18時
休11～3月 金免費

宮殿 別冊MAP P23C1 ●布拉格城堡周邊

洛克維茲宮
Lobkowiczký palác

可在宮殿裡了解捷克歷史

位於布拉格城堡內，為16世紀後半波希米亞貴族興建的宮殿。透過畫作與武器等展示品，介紹捷克的歷史。

DATA 交布拉格城堡正門步行7分
住Jiřská 3
☎233-312-925
時10～18時
休無 金275Kč

宮殿 別冊MAP P22B2 ●布拉格城堡周邊

史坦堡宮
Šternberský palác

歐洲藝術大師作品雲集

巴洛克風格的宮殿，現在是對外開放的國家美術館。展出杜勒、哥雅、林布蘭等知名畫家的作品。

DATA 交布拉格城堡正門步行1分
住Hradčanské nám.15
☎233-090-570
時10～18時
休週一 金150Kč

宮殿 別冊MAP P23C1 ●布拉格城堡周邊

貝維德雷宮
Královský letohrádek

矗立在皇家花園前的優美行宮

16世紀波希米亞國王斐迪南一世為王妃安娜所建的夏季行宮。僅特展期間內可參觀宮殿內部。

DATA 交布拉格城堡正門步行10分
住Mariánské hradby 1
☎224-372-327
時/休金視展覽而異

小小資訊 觀賞歌劇時建議穿著稍正式的休閒服（smart casual）。欣賞木偶劇、教堂音樂會時穿著牛仔褲或T恤也無妨，可不必拘束。大衣等外套請寄放在寄物處，別忘了支付10Kč左右的小費。

●布拉格城堡周邊

羅瑞塔教堂
Loreta

別冊 MAP P22A2 ｜教堂

華麗的天主教藝術令人讚嘆

1626年建造的巴洛克風格教堂。置於禮拜堂的聖母瑪麗亞像及木製聖母像，以及嵌有6222顆鑽石的聖體光座等十分有名。

DATA 交①22、25號線Pohořelec站步行7分 住Loretánské nám.7 ☎220-516-740 時9時～12時15分、13～17時（11～3月為9時30分～12時15分、13～16時） 休無 金130Kč

●舊城區

金斯基宮
Palác Kinských

別冊 MAP P24B2 ｜宮殿

淡粉色的裝飾風格十分搶眼

18世紀後期完工的J.A.Golze伯爵的宮殿，後成為金斯基侯爵的財產。現在為國家美術館的特展展場。

DATA 交舊城區廣場步行即到 住Staroměstské nám.12 ☎224-810-758 時10～18時 休週一 金150Kč

●舊城區

火藥塔
Prašná brána

別冊 MAP P25C2 ｜塔

可一覽舊城區的觀景地點

15世紀後半興建的哥德式高塔。17世紀時曾用於貯藏火藥，因而稱為火藥塔。現今塔內為畫廊。

DATA 交M B線Náměstí Republiky站步行4分 住Na Příkopě ☎725-847-875 時10～22時（3、10月為～20時、11～2月為～18時） 休無 金90Kč

●舊城區

伯利恆禮拜堂
Betlémská kaple

別冊 MAP P24B3 ｜禮拜堂

與揚·胡斯關係密切的禮拜堂

15世紀初，積極揭發教會腐敗的揚·胡斯曾在此用捷克語講道。

DATA 交M A、B線Můstek站步行8分 住Betlémské nám. ☎224-248-595 時10時～18時30分（11～3月為～17時30分） ※閉館前30分截止入館 休11～3月週一。12月24、31日，捷克工業大學典禮時 金60Kč

●布拉格城堡周邊

玩具博物館
Muzeum Hraček

別冊 MAP P23C1 ｜博物館

展出各種令人著迷的玩具

全世界規模數一數二的玩具博物館。主要展出泰迪熊、芭比娃娃、機器人等法國、德國、美國的玩具產品。

DATA 交布拉格城堡正門步行7分 住Jiřská 6 ☎224-372-294 時9時30分～17時30分 休無 金70Kč

●舊城區

城邦劇院
Stavovské divadlo

別冊 MAP P25C2 ｜劇院

布拉格第一座劇院

1783年興建的劇院。之後歷經多次改建，1989年成為現今的樣貌。以莫札特的歌劇『唐·喬凡尼』首演場地聞名，同時也是電影『阿瑪迪斯』中歌劇場景的拍攝地點。現在主要上演歌劇及舞台劇。

DATA 交M A、B線Můstek站步行3分 住Ovocný trh 1 ☎224-901-448 時售票處（與國家劇院共通）：10～18時（當日票開演45分前於劇院販售） 休無 金50～1260Kč

1.裝潢高雅的劇院內部。天花板上鑲嵌大理石裝飾 2.小而美的入口

●舊城區

聖雅各教堂
Kostel Sv. Jakuba

別冊 MAP P25C2 ｜教堂

布拉格最大的管風琴十分壯觀

1232年興建。其後歷經多次改建，成為巴洛克風格建築。千萬別錯過管風琴，以及小偷的手臂骨骸——據說是被聖雅各像抓住時所留下的。

DATA 交M B線Náměstí Republiky站步行5分 住Malá Štupartská 6 ☎224-828-816 時9時30分～12時、14～16時（週五～15時30分、週日14時） 休無 金免費

布拉格 更多觀光景點❶

布拉格城堡周邊　｜　舊城區　｜　新城區　｜　小城區　｜　猶太區

紀念館 | 別冊 MAP P24B2 | ●舊城區
卡夫卡的出生地
Expozice Franze Kafky

招牌為卡夫卡的臉部銅雕

在聖尼古拉大教堂附近的出生地遺址上蓋的卡夫卡紀念館。生於舊城區猶太家庭的卡夫卡，終其一生幾乎都在猶太區度過。館內以照片及文章介紹他的生平。也會舉辦特展。

DATA
交MA線Staroměstská站步行3分
住nám. Franze Kafky 5　☎222-321-675
時10~18時（週六~17時）　休週日、一　金40Kč

1. 追尋環抱不安與孤獨的作家心路歷程
2. 位於建築物一隅的卡夫卡頭像

博物館 | 別冊 MAP P21C4 | ●新城區
德弗札克博物館
Muzeum Antonína Dvořáka

展出作曲家生前愛用的物品

為紀念創作出名曲『新世界交響曲』的作曲家德弗札克120週年誕辰開設的博物館。館內展出他生前愛用的鋼琴及中提琴等相關的物品。2樓為音樂廳，常在傍晚舉行音樂會。

DATA
交MC線I.P.Pavlova站步行5分
住Ke Karlovu 20　☎224-923-363
時10時~13時30分、14時~17時30分　休週一　金50Kč

1. 原為弗米納伯爵的別墅
2. 展出德弗札克生前慣用的樂器

博物館 | 別冊 MAP P24A2 | ●舊城區
史麥塔納博物館
Muzeum Bedřicha Smetany

追尋熱愛祖國音樂家的足跡

世界知名的作曲家及指揮家史麥塔納的博物館。位在他曾住過的雷玄斯基宮2樓，展示各種樂器及指揮棒。

DATA
交MA線Staroměstská站步行5分
住Novotného lávka 1
☎222-220-082　時10~17時
休週二　金50Kč

圖書館 | 別冊 MAP P24B2 | ●舊城區
克萊門特學院
Klementinum

藏書多達600萬冊以上的圖書館

16世紀時以道明會修道院為中心，加上學校及教堂等組成的複合式建築。現在為國家圖書館。

DATA
交MA線Staroměstská站步行3分
住Mariánské nám. 5
☎222-220-879
時10~19時（11~3月為~18時）
休無　金220Kč

劇院 | 別冊 MAP P25D4 | ●新城區
國家歌劇院
Státní opera

世界各國知名作品在此上演

原本是為了住在捷克的德國人興建的歌劇院，又稱為德國歌劇院。19世紀後期改建後延續至今。劇院內約有1047個座位，是採用新洛可可風格裝潢的優雅建築。現在主要上演『卡門』、『阿依達』等世界各國的歌劇及芭蕾。

DATA
交MA、C線Muzeum站步行3分
住Wilsonova 4　☎224-901-448　時售票處：10~18時（公演當日票券於開演前45分開始販售）
休無　金300~1200Kč（視公演而異）

1. 白色灰泥與金色裝飾的建築外觀
2. 新文藝復興式建築

小小資訊 在卡夫卡博物館同時購買慕夏美術館（→P100）門票，則慕夏美術館門票半價。反之在慕夏美術館購買卡夫卡博物館門票，也可享同樣優惠。

and more... 感受捷克木偶劇的世界

唐‧喬凡尼滑稽的
動作引人發笑

舊城區 別冊 MAP P24B2 **國家木偶劇院**
Národní Divadlo Marionet

捷克最有名的木偶劇場。劇目僅有莫札特的『唐‧喬凡尼』，在使用絲線巧妙操縱下，懸絲木偶動作精巧表情豐富。演出時間共2小時。

DATA 交MA線Staroměstská站步行3分
住Žatecká 1 ☎224-819-322 時20時開演
休不定休 金590Kč

劇院 別冊 MAP P24A4 ●新城區 **國家劇院**
Národní divadlo

可觀賞捷克語表演劇目的劇院

由建築師J. Zitek設計，於1881年完成的劇院。這是為了在當時僅有德語劇院的布拉格，開闢一個上演捷克語劇目的劇院。

DATA 交T6‧9‧17‧18‧22號線
Národní divadlo站步行1分
住Ostrovní 1 ☎224-901-448 時售
票處：10～18時 休無 金30～
1500Kč（視公演而異）

教堂 別冊 MAP P23C2 ●小城區 **聖尼古拉斯教堂**
Sv. Mikuláš na Malé Straně

音樂之神守護的教堂

天花板上音樂守護神聖賽西莉亞的濕壁畫及祭壇壁畫十分美麗。1787年莫札特曾在此演奏管風琴。

DATA 交T12‧20‧22號線Malostra
nské náměstí站步行1分 住Malos
transké nám. 25 ☎257-534-215
時9～17時（11～2月為～16時、12月
24‧31日為～14時） 休無 金70Kč

博物館 別冊 MAP P23D2 ●小城區 **卡夫卡博物館**
Franz Kafka Muzeum

歡迎來到獨特複雜的卡夫卡世界

展出20世紀的代表性作家卡夫卡的親筆原稿、日記、書信等。也會放映記錄片。附設博物館商店。

DATA 交MA線Malostranská站步
行5分 住Cihelná 2b
☎257-535-507
時10～18時
休無 金200Kč

博物館 別冊 MAP P24B1 ●猶太區 **猶太博物館**
Židovské muzeum

可了解猶太人的歷史

博物館由位於猶太區的4個猶太教堂、舊猶太人墓園、猶太禮堂組成。舉辦猶太人歷史及傳統的相關展覽。

DATA 交MA線Staroměstská站步
行5分 住視設施而異
☎221-711-511 時9～18時（11～3月
為～16時30分） 休週六、猶太假日
金300Kč（猶太博物館共通）

修道院 別冊 MAP P21C2 ●猶太區 **聖阿妮絲女修道院**
Klášter sv. Anežky České

中世紀波希米亞繪畫＆雕塑

13世紀建造的克拉拉女子修道院。現在主要展出13～16世紀波希米亞、摩拉維亞地區的畫作和雕刻。

DATA 交MA線Staroměstská站步
行15分 住Anežka 12
☎224-810-628
時10～18時
休週一 金150Kč

宮殿 別冊 MAP P21C1 ●郊區 **貿易展覽館**
Veletržní palác

展出19～21世紀的近、現代藝術

擁有2000件以上19世紀後作品館藏的美術館。展出畢卡索、梵谷等知名畫家作品。最精彩的是慕夏的『斯拉夫敘事詩』。

DATA 交T12‧17‧24號線Veletržní
palác站步行1分 住Dukelských hrdinů
47 ☎224-301-111 時10～18時 休週
一 金常設展與『斯拉夫敘事詩』240Kč
（僅參觀『斯拉夫敘事詩』180Kč）

在皮爾森啤酒的發源地乾杯！

吃吃喝喝談談笑笑
小酒館＆啤酒屋

捷克不愧是皮爾森啤酒的發源地，處處都看得到酒館（Hospoda）和啤酒屋（Pivnice）。
以下為您介紹不分早晚都可前往暢飲的熱門店家＆最推薦的啤酒（Pivo）。

新城區 ／ 別冊MAP P21C4

Hostinec U Kalicha

歷史悠久的老字號啤酒屋

小說『好兵帥克』的作者哈謝克及插畫家約瑟夫·拉達常造訪的知名老店。可在店裡感受傳統的啤酒屋風情，並享用傳統捷克美食。店裡供應Gambrinus及Kozel各60Kč/500ml等品牌啤酒。

也販售好兵帥克周邊商品喔！

皮爾森歐克啤酒
60Kč/500ml
1842年誕生於捷克西部皮爾森市的皮爾森啤酒始祖。綿密的泡沫與溫和的苦味十分順口

DATA
交 MC線I.P.Pavlova站步行3分
住 Na Bojišti 14
☎ 296-189-600
時 11～23時 休無
☑ 諳英語的工作人員 ☑ 英文版菜單
☐ 需預約

1. 每晚19時30分左右起會有現場演奏
2. 醃過的豬肉薄片炸成的酥炸肉排300Kč
3. 將豬肉燉煮軟爛的U Kalicha特製匈牙利燉肉250Kč

新城區 ／ 別冊MAP P25C3

Kolkovna Palác Savarin

可喝到新鮮桶裝啤酒

從皮爾森歐克釀酒廠直接進貨的桶裝啤酒，品質絕對有保證。打造成釀酒廠啤酒桶的的櫃檯令人印象深刻。除了捷克的菜餚，還提供多國美食。

Řezané
44Kč/500ml
是指一半一半的意思。皮爾森歐克與Kozel的黑啤酒的漸層色十分美麗。

DATA
交 M A、B線Můstek站步行2分
住 Na Příkopě 10
☎ 277-008-880
時 11～24時 休無
☑ 諳英語的工作人員 ☑ 英文版菜單
☐ 需預約

1. 炸起司塊與馬鈴薯，搭配塔塔醬155Kč
2. 招牌菜烤賜肉229Kč 3. 黃銅製啤酒幫浦及店員熟練的倒酒技術

小小資訊

在「U Kalicha」及「U Fleků」等店，演奏者有時也會演奏外國歌曲。雖說聽表演不需給小費，但記得用熱烈掌聲感謝他們。若想點歌則需付小費。

●規矩與禮儀

入座後先點飲料再點餐。啤酒菜單上的10%、12%的數字不是指酒精濃度，而是指麥芽含量。麥芽含量越高，風味和濃郁度也越高。直接在桌邊結帳，小費基本上約10%。

●也別錯過原創商品！

也有許多店家販售標有原創商標的商品、吉祥物周邊等。可以作為旅程的紀念品。

店員的懸絲木偶399Kč（U Fleků）

火柴10Kč（U Kalicha）

啤酒杯（500㎖）300Kč（U Kalicha）

啤酒馬克杯（500㎖）799Kč（U Fleků）

新城區　別冊MAP P24B4

U Fleků

以唯一的自釀啤酒決勝負！

1499年開業，是布拉格歷史最悠久的居酒屋。附設釀酒廠生產的自製啤酒保留創業當時的好味道。店內分為9個廳、中庭、酒吧，可容納多達1200位客人。只要事先預約就可參觀釀酒廠（10人以上成行，200Kč）。

也來杯蜂蜜酒79Kč吧？

DATA
交Ⓣ3、9、14、24號線Lazarská站步行3分　住Kremencova 11
☎224-934-019
時10〜23時　休無
☑語英語的工作人員　☑英文版菜單
□需預約

1.手風琴樂手會走過各桌 2.插上刀子震撼力十足的烤豬腳249Kč 3.布拉格火腿139Kč，放在麵包上做成單面三明治也OK

➤ Fleku特製拉格啤酒

3　59Kč/400㎖
麥芽含量13%的黑啤酒。活酵母的風味與香醇的喉韻想必令人感動

➤ 百威啤酒

39Kč/500㎖
來自捷克南部的城市布傑約維采的啤酒。特徵為果香與略微刺激的口感

舊城區　別冊MAP P24B3

U Medvídků

要喝百威啤酒就來這裡！

在這間老字號啤酒屋可以喝到與皮爾森歐克齊名的百威啤酒。2樓為釀酒廠，在限定期間會供應半黑麥啤酒及麥芽含量33%、酒精濃度13%的自釀啤酒。

DATA
交ⓂB線Národni Třída站步行2分
住Na Perštýně 7
☎224-221-916
時11時30分〜23時（週日〜22時）　休無
☑語英語的工作人員　☑英文版菜單
□需預約

1.後面還有空間，共有300個座位的超寬敞店內 2.用鹽與香料調味的烤豬肉149Kč為經典的捷克菜 3.豬肉做成的碎肉凍Tla enka 68Kč。恰到好處的酸味與啤酒是絕配

立體主義、裝飾主義等各種風格
陶醉在建築之美裡
布拉格時尚咖啡廳

在奧匈帝國統治下的布拉格，在19～20世紀初時發展出與維也納並駕齊驅的咖啡文化。不妨在裝潢美麗的咖啡廳度過優雅時光。

1.分為吸煙區與禁煙區 2.使用卡達起司的招牌起司蛋糕 59Kč 3.完整重現早年面貌的撞球室。1小時100Kč

古典風格　別冊 MAP P24B3

●新城區

Café Louvre

過去文化人的休閒場所

1902年開業的老字號咖啡廳，以國民作家卡夫卡及恰佩克等眾多名人時常造訪而聞名。重視創業當時裝潢的店內洋溢古典氣息。提供7種手工蛋糕、捷克菜餚及輕食等。

DATA
交 MB線Národní Třída站步行7分
住 Národní 22
☎ 224-930-949
時 8時～23時30分（週六、日9時～）　休 無
☑諳英語的工作人員　☑英文版菜單　□需預約

1.以苔綠色為底色的店內風情獨具 2.卡士達巧克力蛋糕 105Kč左邊方塊狀的閃電泡芙 40Kč 3.衣架也是立體主義風格

立體主義　別冊 MAP P25C2

●舊城區

Grand Café Orient

進入操縱光影的立體主義世界

位於1911年約瑟夫·戈恰爾設計的"黑色聖母之屋"2樓的咖啡廳。可在店裡的螺旋階梯、露台、吧檯等各處發現立體主義的元素。包菠菜、火腿、起司的薄煎餅135Kč等輕食也廣受好評。

DATA
交 MB線Náměstí Republiky站步行4分
住 Ovocný trh 19
☎ 224-224-240
時 9～22時（週六、日10時～）　休 無
☑諳英語的工作人員　☑英文版菜單　□需預約

小小知識　立體主義是20世紀初由畢卡索引領的藝術運動，以幾何圖樣的設計風格為特徵。全世界只有捷克將立體主義融入建築設計當中。

1.向捷克工匠特別訂作的磁磚
2.草莓卡士達蛋糕（前）與胡蘿蔔蛋糕（後）各85Kč
3.親切的店員

裝飾＆新藝術　別冊MAP P25D1

1.窗外查理大橋與布拉格城堡風景優美。夜間還可享受鋼琴演奏　2.咖啡39Kč～，蛋糕45Kč～。鬆餅有6種選擇，114Kč　3.國家劇院就在眼前

裝飾藝術　別冊MAP P24A3

●新城區

Café Imperial

天花板的馬賽克磁磚十分美麗

1914年創業。妝點柱子、牆壁、天花板上的彩色磁磚營造出優雅且帶點東方氛圍的空間。主廚為上過電視的明星大廚史丹尼克‧保羅雷夫先生。紅酒燉小牛頰358Kč等。早餐為290Kč。

DATA
交MB線Náměstí Republiky站步行5分
住Na Poříčí 15
☎246-011-440
時7～23時　休無
☑諳英語的工作人員　☑英文版菜單　□需預約

●新城區

Kavárna Slavia

藝術家們休憩的咖啡廳

1881年開業，曾是作家與戲劇界相關人士聚集地的老字號咖啡廳。現今仍有許多劇場相關人士在此聚集。三明治139Kč～，義大利麵169Kč～等餐點選擇齊全。提供2種每日午餐99Kč。

DATA
交T6、9、17、18、22號線Národní divadlo步行1分
住Smetanovo nábřeží 1012/2
☎224-218-493
時8～24時（週六、日9時～）　休無
☑諳英語的工作人員　☑英文版菜單　□需預約

盡情大啖捷克知名料理

還有更多
布拉格美食景點

捷克美食以獨特的方式融合德國及奧地利等周邊國家的飲食文化。
內容多為烹調方式簡單的肉類菜色。以下為大家介紹以提供傳統菜餚為主的餐廳。

 別冊 MAP P22B1 ●布拉格城堡周邊

Lví Dvůr

VIP客戶鍾愛的獨棟餐廳

布拉格城堡北門旁的高級餐廳。從2樓的露天座位可欣賞皇家花園及聖維塔大教堂。名菜烤乳豬套餐595Kč～。

DATA 交①22號線Pražský hrad站步行1分 住U Prašného mostu 6/51 ☎224-372-361 時11～23時 休無 🅔🅔

 別冊 MAP P22A3 ●布拉格城堡周邊

Peklo

氣氛十足的私房餐廳

位於斯特拉霍夫修道院境內。可在改建自12世紀葡萄酒貯藏庫遺址的店內，享用招牌串烤菜色及摩拉維亞葡萄酒。

DATA 交①22、25號線Pohořelec步行3分 住Strahovské nádvoří 1 ☎220-516-652 時12～23時 休無 🅔🅔

 別冊 MAP P24A2 ●舊城區

U Zlatého Stromu

以合理的價位享用美味鮮魚

13世紀傳承至今的飯店&餐廳。可邊欣賞美麗的中庭，邊享用捷克美食及鮭魚排239Kč等海鮮菜色。

DATA 交MA線Staroměstská站步行5分 住Karlova 6 ☎222-220-441 時24小時 休無 🅔🅔

 別冊 MAP P24A3 ●舊城區

Bellevue

一覽布拉格城堡的絕佳位置

伏爾塔瓦河畔景色絕佳的餐廳。提供食材講究的全餐菜餚。午餐、晚餐皆為2道主菜1190Kč，3道主菜1490Kč。

DATA 交MA線Staroměstská站步行7分 住Smetanovo nábřeží 18 ☎222-221-443 時12～15時、17時30分～23時 休無 🅔🅔

 別冊 MAP P23C3 ●小城區

U Modré Kachničky

以野味餐點為賣點的高級餐廳

除了傳統捷克菜色，還提供使用野鴨、野兔、山豬等烹調的野味。適合搭配捷克葡萄酒一起享用。主菜為475Kč～。

DATA 交①12、20、22號線Hellichova站步行2分 住Nebovidská 6 ☎257-320-308 時12～16時、18時30分～24時 休無 🅔🅔

 別冊 MAP P23C3 ●小城區

U Tří Pštrosů

布拉格首屈一指的老字號餐廳

意為「三隻鴕鳥」的店名由來，是建造該棟建築的揚・佛朗斯曾在此販售鴕鳥的羽飾。主菜為290Kč～。

DATA 交MA線Malostranská站步行10分 住Dražického nám. 12 ☎777-570-183 時11～23時 休無 🅔🅔

112

 小小知識 捷克菜餚通常會搭配麵粉及馬鈴薯製成，稱為捷克餃子（Knedlíky）的水煮麵糰。通常是沾菜餚上的醬汁食用。此外，加入水果或果醬的水果餃子（Ovocne Knedlíky）也十分美味。

捷克美食 別冊MAP P23C2 ●小城區 Pivo & Basilico

傳統的捷克美食和義大利菜

開設在16世紀文藝復興風格的建築內，專營捷克和義大利菜的餐廳。葡萄酒單十分豐富，預算為190Kč～。地下樓層也有酒吧。

DATA 交①12、20、22號線Malostranské náměstí站步行2分
住Zámecká 2
☎257-533-207 時10～23時
休無 ⒼⒺ

捷克美食 別冊MAP P24B3 ●舊城區 Restaurant & Café Excellentica

利用自11世紀酒窖的餐廳

羅馬及哥德風格的店內洋溢著彷彿洞窟內宮殿的氣氛。傳統捷克菜色主餐為199Kč～，也提供全餐。

DATA 交Ⓜ A線Staroměstská站步行9分 住Husova 5
☎222-220-048
時11時30分～22時
休無 ⒼⒺ

咖啡廳 別冊MAP P24B2 ●舊城區 U Zlatého Hada

1714年創業，捷克最早的咖啡廳

外觀為哥德式建築，但內部裝潢十分時尚可愛。除了一般的咖啡廳菜單外，也提供多種捷克美食。

DATA 交Ⓜ A線Staroměstská站步行7分
住Karlova 18
☎222-222-160
時11時30分～24時 休無 ⒼⒺ

啤酒屋 別冊MAP P24B2 ●舊城區 U Zlatého Tygra

在當地人間很受歡迎的啤酒屋

每天開店後常客就紛紛湧入，店裡一下就客滿。特別推薦皮爾森歐克啤酒Plzeňský Prazdroj 40Kč/500ml。

DATA 交Ⓜ A線Staroměstská站步行7分
住Husova 17
☎222-221-111 時15～23時
休無 需預約 ⒼⒺ

捷克美食 別冊MAP P23C3 ●小城區 U Mecenáše

價格合理的熱門店家

17世紀的內裝洋溢浪漫風情。菜單有多種選擇，包括各種排餐335Kč～，烤魚235Kč～等。

DATA 交①12、20、22號線Malostranské náměstí站步行2分
住Malostranské nám. 10
☎257-531-631 時12時～23時30分
休無 ⒼⒺ

咖啡廳 別冊MAP P22A2 ●布拉格城堡周邊 Loreta Café and Restaurant

在鐘聲中度過午茶時光

Hotel Loreta附設的咖啡廳＆餐廳。可在寧靜舒適的氣氛中，享受悠閒時光。甜點為90Kč～。

DATA 交①22、25號線Pohořelec站步行5分
住Loretánské nám. 8
☎233-310-510 時10～18時
休11～3月 ⒼⒺ

咖啡廳 別冊MAP P25C3 ●新城區 Café Evropa

以隆重裝潢為賣點的老牌咖啡廳

位於擁有超過百年歷史的Grand Hotel Evropa飯店1樓。※2014年12月時整修關閉中，預計於2016年夏季重新開業。

DATA 交Ⓜ A、B線Můstek站步行4分
住Václavské nám. 25
☎224-228-117
時7～22時
休無 ⒼⒺ

啤酒屋 別冊MAP P25C2 ●新城區 Hybernia

自助式啤酒十分特別

提供皮爾森歐克啤酒自助吧，可自己倒酒，十分受歡迎。可搭配豬肋排185Kč及串烤雞肉215Kč一起享用。

DATA 交Ⓜ B線Náměstí Republiky站步行2分
住Hybernská 7
☎224-226-004 時8～24時（週六、日11時～）休無 ⒼⒺ

全是優質商品！

送給自己當禮物
值得珍藏的捷克工藝品

美麗蕾絲花紋的波西米亞玻璃、閃耀深紅色澤的石榴石、立體派風格的商品。
何不稍微豪氣一些，買件捷克特有的工藝品回家當紀念吧。

Ševčík先生作工精美的玻璃壺8390Kč
（右），9850Kč（中），8890Kč（左）

平面切割並貼金箔的Moser風玻璃杯1
只1370Kč

有綠色與藍色圖樣的清爽花瓶3295Kč
（右），2995Kč（左）

薄薄的玻璃雕上精巧的玫瑰花，十分美
麗。1只4250Kč～

香檳杯1只4190Kč。花朵形狀的設計十
分可愛

讓人想買下整組575Kč（左），645Kč（中
央左），695Kč（中央右），695Kč（右）

 別冊 MAP P24B2 ●舊城區 **Moser**

皇室御用的老字號品牌

1857年創業的波希米亞玻璃名店。不含鉛的頂級玻璃
深受歐洲及日本皇室的喜愛。塑形及雕刻全都是出自工
匠手工，商品多擁有獨特的顏色及設計。

DATA
交MA、B線Můstek站步行5分
住Staroměstské nám. 15 ☎221-
890-891 時10～21時（週六、日
為～19時、11～3月為～20時，週
六、日為～19時） 休無 E

別冊 MAP P24B2 ●舊城區 **Erpet**

商品種類豐富齊全！

除了Moser及Egermann等經典品牌，連Ševčík大師的
作品都十分齊全。也販售Turnov的石榴石，以及相當
稀少、隕石溶解後形成的摩達維石等製作的首飾。

DATA
交MA、B線Můstek站步行4分
住Staroměstské nám. 27
☎224-229-755 時10～23時
休無 E

 令波希米亞玻璃杯一夕成名的是名為500PK的蕾絲紋樣。這是在眾多切割設計中編號第500的設計圖樣，以構成太陽及
星辰的細膩圖樣為特色。位居水晶玻璃工藝的頂點，讓全世界人都愛不釋手。

114

2大大師check!

Ladislav Ševčík

工坊位於南波希米亞，至今仍活躍於第一線的波希米亞玻璃工匠。公認的捷克國寶級大師，其精巧深奧的雕工，連外行人都可一眼看出差別。

花瓶64680Kč
要價不斐

Pavel Janak

1882～1956年。推動立體主義運動的建築師。除了建築，他也將立體主義融入家具、燈具、陶器等設計中。

1911年的作品。
壺（複製品）4690Kč～

Janak設計的糖果罐（複製品）各1850Kč

五彩繽紛的玻璃杯595Kč（左）、445Kč（中央）、545Kč（右）

石榴石的項鍊墜子。前起12990Kč、5490Kč、13990Kč

鋸齒花紋的可愛咖啡壺3990Kč、杯子＆碟子2350Kč

摩達維石墜子2230Kč（左）、3490Kč（右）、3790Kč（後）

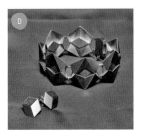

立體主義風格的創新設計。手環9800Kč、耳環1650Kč

●舊城區
別冊MAP P24B2

Blue Praha

若想購買個性化的波希米亞玻璃

餐具、配件等設計獨特的波希米亞玻璃製品應有盡有。美麗的藍色玻璃廣受好評。在布拉格市區有4間分店，在布拉格瓦茨拉夫·哈維爾國際機場內也有店面。

DATA
交MA線Staroměstská站步行6分　住Malé nám. 14　☎224-216-717　時10時30分～22時（視季節而異）　休無　E

●舊城區
別冊MAP P25C2

Kubista

會想買一樣回家的立體主義商品

位於“黑色聖母之屋”1樓的商店。店裡陳列著陶器、繪畫、首飾配件、服飾等立體主義風格商品，光看就是種享受。除了Janak的作品外也有現代創作家的作品。

DATA
交MB線Náměstí Republiky站步行4分　住Ovocný trh 19　☎224-236-378　時10～19時（週日12時～）　休週一　E

各種可愛的商品讓人難以取捨！？

在童話國度發現的可愛捷克雜貨

布拉格是個可以享受挖寶樂趣的城市。純樸可愛的玩具和工藝品、色調柔和的捷克串珠等，集結各種不同、讓人會心一笑的商品。

↑只要牽動繩子，馬就會吃草298Kč **B**

↑想辦法讓獅子出籠的益智玩具300Kč **A**

↑表情可愛的小熊鉛筆筒150Kč **A**

←↑在捷克廣為人知的Hurvínek與Manička懸絲木偶各190Kč **A**

↑麥稈做的捷克傳統聖誕擺飾1個49Kč～ **B**

↑陶瓷的鹽&胡椒罐各90Kč **B**

←↑復活節彩蛋1個69Kč～。有代表各地的傳統色彩與圖樣

A ●舊城區

Pohádka

別冊MAP●P25C2

店內擺滿懸絲木偶、木製玩具、卡通『小鼴鼠妙妙』相關商品。也販售木頭西洋棋以及智慧環等大人也可以玩的商品。

DATA
交MB線Náměstí Republiky步步行5分　住Celetná 32　☎224-239-469　時9～20時　休無　**E**

B ●舊城區

Manufaktura

別冊MAP●P24B2

在布拉格市區共有8家分店的熱門商店。陶器、布製品、木製玩具等，散發手工溫馨感的捷克工藝品應有盡有。

DATA
交MA、B線Můstek站步行4分　住Melantrichova 17　☎230-234-376　時10～20時　休無　**E**

C ●新城區

Hrudka Stylle

別冊MAP●P24B4

店裡擺滿捷克的骨董雜貨，也能找到Moser的玻璃杯和哈布斯堡王朝時代的古玩等商品。

DATA
交Ⓣ6、9、17、18、22號線Národní divadlo站步行5分　住Opatovická 7　☎224-930-610　時10～18時　休週六、日

116　小小資訊

「Manufaktura」也有販售獨家的天然美妝產品。使用捷克西部卡羅維瓦利溫泉及死海礦物成分的商品十分受歡迎。也有加入啤酒和葡萄酒成分的美妝產品。

・捷克設計師手工製作的
燈珠耳環280Kč **D**

・糖果般的燈珠每
個都是獨一無二。
1個40Kč～ **D**

↑施華洛世奇串珠與銀
鍊手環1個590Kč～ **D**

・這才是新藝術！
設計華美的相框
1900Kč **C**

・花紋精細的手工
蕾絲40Kč（上），
各種緞帶80Kč～
（下）**C**

↑別在衣服或包包上都很可愛。
古典胸針100Kč（右）、300Kč
（左）**D**

・蜂蜜罐349Kč。
蜂蜜是捷克的名產
B

↑使用捷克傳統藍染
布料製成的針墊，針
越多就越像毛蟲……
139Kč **B**

・有可愛小花
圖樣的瓶子。
可用來裝調味
料等。各90Kč
C

D ●舊城區

Star Beads

別冊MAP●P24B3

日本老闆經營的捷克串珠專賣店。
販售店主自己設計的飾品，及捷克
創作家的原創燈珠等。

DATA
交M B線Národni Třida
站步行2分
住Národni třida 25
☎777-165-142
時11～19時（週六13
～18時）休週日

CHECK!

**便宜可愛雜貨的
集散地哈維爾市集**

在哈維爾史卡街（別冊
MAP/P24B2）上，有許多
賣蔬菜水果及伴手禮的攤
販。每天9～17時營業。

1.啤酒形狀的捷克
傳統點心蜜薑餅
300Kč 2.磁鐵一個
50Kč～

經典與流行商品想一次買齊！

還有更多
布拉格購物景點

若想購買波希米亞玻璃和木頭玩具等工藝品，以及捷克風格的伴手禮，
建議前往舊城廣場一帶。新城區是最新潮流的傳播中心，有許多個性化的商店。

購物中心 別冊 MAP P25C1 ●新城區
Palladium

布拉格市中心最大購物商場

位於市民會館前，共有5層樓的大型購物中心。
共有超市和流行服飾、珠寶、雜貨等180家商店
進駐。也有餐廳、美食區。

DATA 交M直通B線Náměstí Repub
liký站 住Náměstí Republiky 1
☎225-770-250 時超市7～22時，商
店：8～21時（週五、六～22時）
休無 E

流行時尚 別冊 MAP P24A3 ●舊城區
www.nakoupeno.cz

主打布拉格設計的原創商店

服飾、雜貨、飾品等全部皆是純手工製作。有許
多呈現60年代後半、色彩繽紛的捷克設計風格
的商品。

DATA 交Ⓣ6、9、18、22號線Národní
divadlo站步行2分 住Karoliny Světlé
9 ☎773-233-539 時11～19時
休週日 E

骨董 別冊 MAP P24B2 ●舊城區
Dorotheum

在布拉格遇見真正的骨董

總店位在維也納的骨董專賣店。店裡擺滿室內家
具及各式雜貨，光欣賞也是種享受。

DATA 交MA、B線Můstek站步行3
分 住Ovocný trh 2
☎224-222-001
時10～19時（週六～17時）
休週日 E

陶瓷 別冊 MAP P21C4 ●新城區
Dům porceláin

販售傳統Blue Onion花紋的瓷器

受旅居布拉格的外僑喜愛，販售捷克傳統花紋
Blue Onion瓷器的正規實體店。3層樓的店內也
販售來自卡羅維瓦利的Thun公司陶瓷器。

DATA 交Ⓤ C.I.P.Pavlova站步行2分
住Jugoslávská 16
☎221-505-320
時9～19時（週六～17時，週日14～
17時）休無

陶瓷 別冊 MAP P22B2 ●小城區
U Bílého Jablka

用迷你陶器呈現布拉格市街

架上擺著查理大橋及布拉格城堡等布拉格實際建
築的擺飾。陶瓷全都是手工製作，查理大橋
1690Kč等。

DATA 交Ⓣ12、20、22號線Malostran
ské náměstí站步行8分
住Úvoz 1
☎257-530-634
時9～18時 休無

懸絲木偶 別冊 MAP P24A2 ●舊城區
Králobství Loutek

捷克伴手禮就選懸絲木偶

販售各式各樣的懸絲木偶，如魔法師、騎士、小
丑、動物等款式。價位約在400Kč～。是大人收
到也會很開心的伴手禮。

DATA 交MA線Staroměstská站步
行5分
住Karlova 12
☎222-220-529
時10～20時 休無 E

and more...

新城區 | 別冊 MAP P25C2·3 | **護城河街**

Na Příkopě

連接共和廣場和瓦茨拉夫廣場、約450公尺的大街。街道兩旁H&M、ZARA、Nike等國際知名品牌及餐廳、超市、電影院等商家林立，是布拉格最熱鬧的地方。同時也是當地的年輕人聚集的場所，可欣賞布拉格最流行的面貌。

可輕鬆享受漫步樂趣

雜貨 | 別冊 MAP P22A2 | ●布拉格城堡周邊
Hračky Houpací Kůň

專家嚴選的玩具

老闆為玩具博物館（→P105）前館長伊凡先生。店內擺滿木製玩具及『小鼴鼠妙妙』周邊商品等充滿手工溫馨感的玩具。

DATA 交①22、25號線Pohořelec
站步行5分 住Loretánské nám. 3
☎603-515-745
時9時30分～18時30分
休無

雜貨 | 別冊 MAP P25C3 | ●新城區
Original Souvenir

捷克傳統樣式的復活節彩蛋

店內販售約60種色彩繽紛的復活節彩蛋，90Kč左右。每個彩蛋都是畫上捷克傳統花樣的原創商品。

DATA 交MA、B線Můstek站步行2
分 住Václavské nám. 12
☎224-215-803
時10～20時
休無

美妝 | 別冊 MAP P25C2 | ●舊城區
Botanicus

捷克當紅的天然系品牌

使用傳統工法製作的天然美妝產品、身體保養品、食品等種類豐富。機場及契斯基庫倫洛夫都有分店。

DATA 交M B線Náměstí Republiky
站步行7分
住Týn 3/1049
☎234-767-446 時10～20時
休無 E

超市 | 別冊 MAP P24B3 | ●新城區
My

尋找捷克食材就到這裡！

英國規模最大的大型超市，位在瓦茨拉夫廣場附近。服飾、美妝、雜貨等應有盡有。若想買伴手禮，可到地下1樓的食品賣場看看。零食、調味料、葡萄酒等價位合理，可一次買齊十分方便。

1．調和23種藥草的藥酒BECHEROVKA。89Kč 2．捷克傳統菜餚匈牙利燉肉調理包。19.90Kč 3．溫泉勝地卡羅維瓦利名產溫泉鬆餅。55.90Kč

DATA 交M B線Národní
Třída站步行1分
住Národní 26
☎222-815-111
時7～21時（週六、日8
～20時）
休無 E

飾品 | 別冊 MAP P23C3 | ●小城區
Decastello

捷克串珠飾品十分受歡迎

該店販售可愛的耳環、精美的項鍊等多種使用捷克串珠製作的首飾配件。還有包包及捷克伴手禮等商品。

DATA 交①12、20、22號線Malostranské náměstí站步行2分
住Karmelitská 26 ☎257-533-672
時10～19時（週六、日～18時）
休無 E

可依需求選擇

熱門飯店LIST

瓦茨拉夫廣場及舊城區的飯店對觀光來說最為方便。
若想安靜地度過悠閒時光，則推薦伏爾塔瓦河左岸的飯店。

【舊城區】別冊MAP P25C2 ## Grand Hotel Behemia

與革命歷史息息相關的高級飯店

領導1968年「布拉格之春」改革運動的杜布切克長住
的歷史悠久飯店。客房分為高級客房、豪華客房、行
政客房、大套房等，即使只是高級客房也非常舒適。
1樓有供應捷克菜色&西餐的餐廳和咖啡廳。

DATA
交MB線Náměsti Republiky站步行4分
住Králodvorská 4　☎234-608-111
金高級客房€138～　　78間　　[E] [R]

↑市民會館步行1分
←以米白色為底色的高級
　客房

【小城區】別冊MAP P23C3 ## Mandarin Oriental Prague

飯店景觀與設備都是最頂級

客房看出去的景色優美。特別推薦可看見小城區街景
及布拉格城堡的客房。飯店提供最新設備及舒適的衛
浴系統。浴室採用具隔熱效果的石灰岩，也備有可讓
人徹底放鬆的精油，緩解旅途的疲勞。

DATA
交Ⓣ12、20、22號線Hellichova站步行3分
住Nebovidská 459/1　☎238-088-888
金高級客房€325～　　99間　　[E] [R]

↑白色柱子成排的交誼廳
→高級客房　每間客房的
　裝潢都不同

【猶太區】別冊MAP P24B1

Hotel InterContinental Praha

濱河的絕佳位置為賣點

近觀光景點，位置絕佳。客房分
為面伏爾塔瓦河及舊城區，兩邊
的景色都很美。房內設備齊全實
用，口碑良好，除了觀光客也有
許多商務旅客下榻。

DATA　交MA線Staroměstská站
步行7分　住Pařížská 30
☎296-631-111　金經典客房€174～
372間　　[E] [R]

【新城區】別冊MAP P25C3

Hotel Palace Praha

常有名人投宿的老飯店

1909年完工的新藝術風格壯觀
建築。開業當時因高雅的裝潢，
吸引不少名人。雖說飯店本身歷
史悠久，但網路等現代化設備十
分完善。

DATA　交MA、B線Můstek站步行
5分　住Panská 12
☎224-093-111　金豪華客房€150～
116間　　[E] [R]

【郊區】別冊MAP P21D2

Hilton Prague

布拉格最大的現代化飯店

飯店矗立於伏爾塔瓦河畔，有著
玻璃帷幕的醒目現代化外觀。客
房多達788間，也設有泳池、三
溫暖、健身房、賭場等設施。

DATA　交MB、C線Florenc站步
行10分　住Pobřežni 1
☎224-841-111　金雙人客房€137～
791間　　[E] [R]

Four Seasons Hotel Prague
別冊MAP P24A2

位於伏爾塔瓦河畔的奢華飯店。房間內部裝潢每間不同,有巴洛克及文藝復興等風格。

DATA 交MA線Staroměstská站步行2分
住Veleslavínova 2A ☎0221-427000
金現代客房€340～ 161間

 Art Deco Imperial Hotel Prague
別冊MAP P25D1

位於布拉格市中心,是一間融合原創新藝術風格裝潢及現代化舒適設備的飯店。

DATA 交MB線Náměstí Republiky站步行5分
住Na Poříčí 15 ☎246-011600
金豪華客房€194～ 86間

 Marriott Prague
別冊MAP P25D2

可在寬敞的大廳及客房悠閒放鬆。特別是屋頂花園看出去的景色極為佳。並提供洗衣服務(收費)。

DATA 交MB線Náměstí Republiky站步行1分
住V celnici 8 ☎222-888-888
金豪華客房€240～ 293間

 Hotel Paříž
別冊MAP P25C2

1904年開業的老字號飯店。外觀及內部裝潢均統一成新藝術風格,建築物本身被指定為國家級古蹟。

DATA 交MB線Náměstí Republiky站步行4分
住U Obecního domu 1 ☎222-195-666
金豪華客房€230～ 86間

 K+K Hotel Central
別冊MAP P25C2

外觀、內裝都採古典風格的飯店。擁有完善的商務中心及網路設備。

DATA 交MB線Náměstí Republiky站步行3分
住Hybernská 10 ☎225-022000
金經典客房€138～ 127間

 Boutique Hotel Jalta
別冊MAP P25C4

1958年興建,被指定為古蹟。接近國家歌劇院及地鐵站,觀光十分便利。

DATA 交MA、C線Muzeum站步行3分
住Václavské nám. 45 ☎222-822-111
金高級客房€166～ 94間

 Golden Tulip Savoy Prague
別冊MAP P22A2

客房數較少,但公共空間設備完善。除了餐廳及酒吧外,還有溫泉水療中心。

DATA 交①22、25號線Pohořelec站步行1分
住Keplerova 6 ☎224-302-430
金豪華客房€135～ 61間

 Boscolo Prague
別冊MAP P25C2

舊Bolocolo Carlo IV飯店改建。近布拉格火車總站,火藥塔等主要觀光景點都在步行範圍。

DATA 交MC線Hlavní nádraží站步行5分
住Senovážné nam. 13 ☎222-4593111
金豪華客房€195～ 152間

 Radisson BLU Alcorn Hotel
別冊MAP P25C4

可在寬敞的客房享受悠閒時光的飯店。近瓦茨拉夫廣場,也是定期觀光巴士發車地點。

DATA 交MA、C線Muzeum站步行5分
住Štěpánská 40 ☎222-820000
金標準客房€189～ 206間

 K+K Hotel Fenix
別冊MAP P25C4

擁有現代化設備的飯店。每間客房都有網路線,還有衛星電視、吹風機、咖啡機等十分方便。

DATA 交MA、C線Muzeum站步行3分
住Ve Smečkách 30 ☎225-012-000
金經典客房€108～ 130間

 Ambassador Zlata Husa
別冊MAP P25C3

位在瓦茨拉夫廣場上,交通便利的飯店。大理石浴室內附按摩浴缸,十分舒適。衛浴用品也很齊全。

DATA 交MA、B線Mûstek站步行2分
住Václavskénám. 5-7 ☎224-193-876
金經典客房€182～ 162間

 NH Hotel Prague
別冊MAP P20B4

2012年改名的前Hotel Movenpick飯店。提供翻譯、秘書等商務服務,還有網球場。

DATA 交MB線Anděl站步行10分
住Mozartova 1 ☎257-153-111
金高級客房€93～ 432間

布拉格 熱門飯店 LIST

布拉格城堡周邊	舊城區	新城區	小城區	猶太區

布拉格近郊小旅行 前往契斯基庫倫洛夫

橘色屋頂的民宅以及聳立在山丘上的城堡……契斯基庫淪洛夫擁有彷彿繪本世界中的美景。
完整保留中世紀風情的舊城區，已登錄為聯合國教科文組織的世界遺產。

在契斯基庫倫洛夫城堡高塔上看見的城鎮風光

城堡的護城河中400多年前開始養熊，已是守護神般的存在。目前共有兩頭熊

郊區　MAP P125

契斯基庫倫洛夫城堡

Státní hrad a Zámek Český Krumlov

規模僅次於布拉格城堡的古城

13世紀時克魯毛領主建立的城堡。此後所有權輾轉於羅森堡家族、愛根堡家族、施瓦岑伯格家族，城堡每換一次主人就會進行改建、擴建，最終成為融合哥德、文藝復興、巴洛克等多重風格的複合式建築。城堡內部和劇院僅能透過導覽參觀。

DATA
交市政廣場步行10分　住Zámek 59
☎380-704-721　時休金視設施而異

Check!

HISTORY

契斯基庫倫洛夫一帶，在14～16世紀統治此地的羅森堡家族推動的振興政策下，手工業和商業蓬勃發展。到了19世紀，由於城鎮不在鐵道路線上，並未趕上當時的近代化風潮，逐漸沒落。其後更因捷克急遽地共產化，城鎮遭閒置成了空城。但1989年自由解放後，政府開始進行歷史建築的修復，1992年時因庫倫洛夫保留了美麗的中世紀城區，登錄聯合國教科文組織的世界遺產。

小小資訊　契斯基庫倫洛夫城堡到了夜晚會打上燈光。中庭等區域會開放參觀，可在此享受與白天截然不同的城堡景色。冬季僅部分設施對外開放。

城內散步

前往必訪景點，並在滿懷中世紀風情的城堡中漫步。

① **城堡高塔**
Zámecká věž

城堡的象徵，高54公尺的圓筒形高塔。第二中庭有通往高塔的入口。腳下的風景令人屏息。

可從塔上360度欣賞城鎮風光

DATA　(時)9～17時（6～8月為～18時、11～3月為～16時）
(休)11～3月的週一　(金)50Kč

② **第三中庭**
III. nádvoří zámku Český Krumlov

當時華麗的裝飾是富裕的象徵

充滿立體感的牆壁與裝飾其實是錯視畫。城堡內共有5座中庭，第三和第四中庭的壁畫是以神話為依據描繪。

DATA　(時)24小時開放參觀　(休)無　(金)免費

④ **城堡劇院**
Zámecké divadlo

愛根堡家族建造的巴洛克風格木造劇院。一定要看看現在全世界只剩兩座的18世紀舞台裝置。僅能透過導覽參觀。

DATA　(時)10～15時每個整點。12時休息　(休)週一，11～4月
(金)300Kč（英、德語導覽）

每年舉行數次公演

③ **城堡內部**
Horní hrad

僅能透過導覽參觀。想參觀房間內的裝潢與裝飾選路線I，想了解施瓦岑伯格家族的歷史就選路線II。兩種路線都需1小時左右。售票處在第二中庭。

1.16世紀時羅森堡家族使用的文藝復興風格房間。亮點是熊皮地毯！ 2.保存16～17世紀裝潢的房間，愛根堡廳。為前去拜見羅馬教皇特製的純金馬車氣勢輝煌 3.沙龍廳展出威尼斯鏡與洛可可風長椅等華麗家具 4.化妝舞會廳繪滿華麗洛可可壁畫，十分有特色

DATA　(時)9～16時（6～8月為～17時）每個整點。12時休息　(休)週一，11～3月
參觀路線I：(金)250Kč（英、德語導覽）　　參觀路線II：(金)240Kč（英、德語導覽）

⑤ **第五中庭**
V. nádvoří zámku Český Krumlov

位於通往城堡花園的道路途中。沿著牆壁的圓拱型窗子可遠望伏爾塔瓦河環繞的舊城區，是熱門的拍照地點。

可特意將窗子也拍進去

DATA　(時)24小時開放參觀　(休)無　(金)免費

⑥ **城堡花園**
Zámecká zahrada

幾何形狀的花園十分美麗

11萬平方公尺面積的巴洛克風格花園。共分為4個區域，是擁有噴水池及池塘的放鬆空間。花園深處的露天劇場會舉辦夏季公演。

DATA　(時)8～17時（5～9月為9～19時）　(休)11～3月
(金)免費

追加行程 契斯基庫倫洛夫 ❶

123

城外散步

觀光的據點是市政廣場，旅客服務中心也在廣場上。
城鎮規模都在步行可至的範圍內，自在地四處看看吧。

A 美術館 席勒藝術中心
Egon Schiele Art Centrum

追尋英年早逝畫家席勒的足跡

展出埃貢·席勒及其他現代
藝術家作品的美術館。契斯
基庫倫洛夫是席勒母親的故
鄉，席勒本人也經常造訪。
三樓除了有席勒的原創作
品，也展出家具及照片等。
附設咖啡廳及商店。

博物館建築原為啤酒釀造工廠

DATA　交市政廣場步行3分　住Široká 71
☎380-704-011　時10～18時　休週一　金140Kč

全是描繪契斯基庫倫洛夫的作品（複製品）

B 教堂 聖維塔教堂
Kostel sv. Víta

高聳的教堂尖塔十分醒目

1439年興建的哥德式教堂。
畫上聖維塔及聖母瑪麗亞的
祭壇，以及聖歌隊席上的18
世紀管風琴都是參觀重點。

位於小巷的盡頭

DATA　交市政廣場步行3分　住Horni 156　☎380-711-336
時9～18時（週二、日12時～），冬季～17時　休無　金免費

C 咖啡廳 Laibon

欣賞城堡美景度過悠閒片刻

面向伏爾塔瓦河，位置絕佳的咖
啡廳。由常環遊世界的老闆親手
製作的蔬食餐點每道都是人間美
味。還有多種甜點選擇。

1.晴朗的日子裡露台座位是最佳選擇
2.蔬食拼盤179Kč

DATA　交市政廣場步行3分
住Parkán 105　☎775-676-654
時11～24時　休無　E E

D 啤酒餐廳 Restaurace Eggenberg

艾根堡啤酒直營的啤酒餐廳

附設契斯基庫倫洛夫在地啤酒「艾
根堡Eggenberg」的釀酒廠。可在
餐廳品嘗到3種啤酒和南波希米亞
的傳統菜色。釀酒廠開放參觀（每
天11時～），附試喝的行程80Kč～。

1.建築物原為貴族宅邸
2.艾根堡拉格啤酒25Kč/
500㎖　3.香草烤鱒魚
160Kč為南波希米亞名菜

DATA　交市政廣場步行10分　住Latrán 27
☎380-711-917　時11～22時（週五、六～23時）　休無　E

E 炭烤美食 Krčma V Šatlavské

份量十足的炭烤美食

改建自300年前民房的餐廳。使用
紅磚大烤爐，並以炭火燒烤的魚肉
類燒烤菜色為招牌。啤酒僅提供百
威35Kč/500ml，此外也供應直接
從酒桶倒出的葡萄酒。

1.店裡有好幾個有圓形
天花板的小房間
2.豬、牛、火雞燒烤拼
盤205Kč。重口味的調味
與啤酒是絕配

DATA　交市政廣場步行1分　住Horni 157
☎380-713-344　時11～24時　休無　E E

小小資訊　伏爾塔瓦河上可泛舟。從河上看見的契斯基庫倫洛夫城堡格外美麗。所有旅行社的泛舟活動都需4～6小時，
300～800Kč。可在市政廣場的旅客服務中心索取相關資訊。

1.彩色建築林立的市政廣場　2.穿過石板路前往契斯基庫倫洛夫城堡　3.每家店窗戶的裝飾都好可愛　4.伏爾塔瓦河畔有許多舒適的咖啡廳

F 懸絲木偶 Muzeum Loutek

種類豐富的人偶琳琅滿目

販售懸絲木偶和布偶的專賣商店。從知名工匠製作的懸絲木偶等高級品，到平價的商品應有盡有。2樓為前身是國家劇院的懸絲木偶展示室。

1.種類豐富是最大賣點
2.王子與女孩布偶各395Kč

DATA　交市政廣場步行2分　住Dlouhá 29
☎380-713-423　時10～18時（夏季會延長）　休無 E

G 伴手禮 Roseta

找找適合送人的伴手禮

想買契斯基庫倫洛夫才有的商品就到這裡。從磁鐵、擺飾、啤酒馬克杯、人偶等商品種類多元。也很推薦陳列在店家後方的捷克工匠手工製陶器。

1.裝飾可愛的入口　2.城鎮及城堡圖樣的磁鐵50Kč～
3.有可愛城堡圖案的琺瑯馬克杯225Kč～

DATA　交市政廣場步行5分　住Latrán 53　☎380-712-338
時9～18時　休無

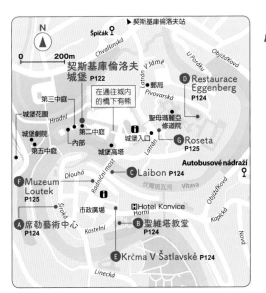

契斯基庫倫洛夫站
Špičák ♀
Chvalšinská
契斯基庫倫洛夫城堡 P122
Latrán V Jámě
U Poráku
Objížďková
第三中庭
●郵局
在通往城內的橋下有熊
Pivovarská
D Restaurace Eggenberg P124
城堡花園
Hradní
第二中庭
聖母瑪麗亞修道院
城堡劇院
內部
城堡入口
i
第五中庭
城堡高塔
Latrán
G Roseta P125
Autobusové nádraží ♀
Dlouhá
Radniční most
C Laibon P124
伏爾塔瓦河
Vltava
Objížďková
F Muzeum Loutek P125
Široká
i
市政廣場
H Hotel Konvice
Horní
Kapická
Nová
A 席勒藝術中心 P124
Kostelní
B 聖維塔塔教堂 P124
E Krčma V Šatlavské P124
Linecká

Check!

ACCESS

●巴士

從布拉格搭巴士約需3小時。雖說有很多巴士公司，但特別推薦Student Agency公司（→P131）。1天有14班行駛。從巴士站到市政廣場步行約10分，也有從布拉格出發的一日遊行程（→別冊P26）。

●火車

布拉格火車總站（別冊MAP／P21C3）出發，在捷克布傑約維采站轉乘，抵達契斯基庫倫洛夫站時約4小時，1天有7班行駛。契斯基庫倫洛夫站離城鎮中心有段距離，步行至市政廣場約花上20分鐘。

小小資訊　在捷克布傑約維采站可轉乘的火車，除了往Český Krumlov之外，開往Volary、Kájov、Nové dolí的班次也會停靠契斯基庫倫洛夫站。

旅遊資訊

奧地利&捷克出入境流程

入境流程

1 抵達 Arrival

由入境下機門依循「passport」等的標示牌前往入境審查處。經由其他申根公約國機場轉機時，則在該機場進行入境審查，奧地利、捷克入境後不必再審查一次。

2 入境審查 Immigration

入境審查櫃檯分為「歐盟國民EU Citizen」和「他國All Citizen」，請排在「他國」櫃檯前。請向入境審查官提示護照，審查時不太問問題，若問及旅行目的時只需回答「Sightseeing觀光」即可。

3 提領行李 Baggage Claim

請至顯示搭乘飛機班次的行李轉盤前提領行李。萬一沒找到行李，或行李有破損，請持行李托運存根（Claim Tag）到行李遺失（Lost Baggage）窗口或向航空公司人員確認。

4 海關 Customs

若沒有需要申報的物品，就通過綠色關門前往入境大廳。若有需報的物品，則走紅色關門，提出海關申報單並以當地貨幣支付規定金額。

5 入境大廳 Arrivals Level

有換匯處及旅客服務中心等設施。

▶▶▶ ●何謂申根公約

部分歐洲國家取消相互之間邊境檢查的公約。申根公約國之間的出入境都已經自由化。從台灣等非申根公約國入境時，只需在最初抵達的申根公約國辦理入境手續，出境則需在最後出境的申根公約國辦理出境手續。

○申根公約國（2015年9月時）
法國、德國、西班牙、葡萄牙、奧地利、荷蘭、比利時、盧森堡、丹麥、芬蘭、瑞典、斯洛伐克、斯洛維尼亞、波蘭、捷克、匈牙利、希臘、義大利、馬爾他、愛沙尼亞、拉脫維亞、立陶宛、冰島、挪威、瑞士及列支敦斯登。

▲▲▲ ●入境時的限制

○主要免稅範圍
酒類…酒精含量22%以下的酒類2ℓ，超過22%的酒類1ℓ。無氣泡葡萄酒4ℓ，啤酒16ℓ（限17歲以上）
香菸…香菸200根、細雪茄100根、雪茄50根、菸草250g（限17歲以上）
※以上皆為搭飛機入境之規定。若經陸路入境，免稅範圍會增加。
○出入境時的申報品項
貨幣…包含外幣，€1萬以上的現金及旅行支票等需申報。
其他…若攜帶超過€430（陸路為€300）的物品出入境，需向海關申報（若15歲以下，奧地利為€150，捷克為€200）

出境時的注意事項

記得在出發前3個月確認

●入境條件

●奧地利　護照有效日期於出境時需至少剩3個月。若是為期6個月以內的觀光則不需簽證。
●捷克　請於出發前往捷克前，確認所持護照效期是否在預計離開申根區時，仍有6個月效期。在180天內從事不超過90天的觀光目的居留時，不需簽證。

○機場的出境航廈
桃園國際機場分為2座航廈。中華航空（CI）位在第1航廈，直飛維也納的班機1週3班。長榮航空（BR）則在第2航廈，往維也納的班機需中轉曼谷，1週4班。
○攜帶液體類登機的限制
旅客身上或隨身行李內攜帶的液體、膠狀及噴霧類物品的容器，體積在未超過100ml，且裝於不超過1公升而且可以重複密封的透明塑膠袋內，即可帶入機內。詳情參考交通部民用航空局URL http://www.caa.gov.tw/big5/index.asp

申請護照請參考外交部領事事務局URL http://www.boca.gov.tw/mp.asp

奧地利與捷克的出入境流程幾乎相同。
請準備齊全後再前往機場

維也納國際機場於2012年新落成的航廈

出境流程

1 報到手續 Check-in
在搭乘的航空公司櫃台前出示護照及機票（電子機票確認單）。若行李箱內有免稅商品，請事先告知櫃檯人員。若有免稅商品，在拿到登機證後請再拿回行李。

2 退稅手續 Tax Refund
若要退加值稅，請在辦理登機手續後將行李拿到Custom Tax Refund櫃檯，並請櫃檯人員於免稅單據上蓋章。（行李就寄在這裡）

3 出境審查 Immigration
出示護照及登機證。蓋完出境章（不在申根公約國轉機時）收回護照及登機證。

4 手提行李檢查 Security Check
在登機前需通過X光檢查所有要帶上機的手提行李，因此最好提早前往。與國內相同，有液體物品相關限制，需特別注意。

5 登機門 Bording Gate
前往登機證上指示的登機門。

> 如需轉機，則需對應該機場的液體物品登機限制，欲購買免稅商品，請在回程前最後一個機場的免稅區購買。

維也納國際機場
Flughafen Wien-Schwechat

別冊 MAP P5D1

位在市中心東南方約20公里處。台灣直飛的班機1週3班。

○旅客服務中心
入境大廳有Vienna Tourist Info（時6～23時 休無），除了可索取地圖，還可購買大眾運輸工具的車票。

○免稅店
集中在航廈中央的Plaza。

○退稅櫃台
出境與登機大廳兩處都有。

布拉格瓦茨拉夫·哈維爾國際機場
Václav Havel Airport Prague

別冊 MAP P20A1

設計充滿現代感的出境大廳

捷克最大的國際機場。申根公約國的班機在第2航廈發抵。由於沒有台灣直飛的航班，請在奧地利或歐洲各都市轉機。

○遊客服務中心
入境大廳有以提供交通資訊為主的Information Center。可在這裡索取地圖及觀光手冊。

○免稅店
1、2航廈的規模都很小，商店商品以波希米亞玻璃杯及捷克伴手禮為主，沒什麼知名名牌店。

○退稅櫃台
退稅櫃台在非申根公約國家班機發抵的第1航廈。在出境審查前，往B關門的途中。

回國時的限制

●主要的免稅範圍

酒類	1公升（年滿20歲）
菸類	捲菸200支或雪茄25支或菸絲1磅（年滿20歲）
其他	攜帶貨樣的完稅價格在低於新台幣12,000元
貨幣	新台幣10萬元以內；外幣等值於1萬美元以下；人民幣2萬元以下

※超過需向海關申報

如需申報，請填寫「海關申報單」，並經「應申報檯」（即紅線檯）通關 ▶ ▶ ▶

●主要的禁止進口與限制進口物品

○毒品危害防制條例所列之毒品。
○槍砲彈藥刀械管制條例所列之槍砲、彈藥及刀械。
○野生動物之活體及保育類野生動物及其產品，未經行政院農業委員會之許可，不得進口；屬CITES列管者，並需檢附CITES許可證，向海關申報查驗。
○侵害專利權、商標權及著作權之物品。
○偽造或變造之貨幣、有價證券及印製偽幣印模。
○所有之醫師處方或非醫療性之管制物品及藥物。
○其他法律規定不得進口或禁止輸入之物品。

機場～市中心的交通

交通速見表 維也納國際機場往市中心

交通工具	特色	行駛間隔／所需時間
機場巴士	Ⓤ1、4號線Schwedenplatz站MorzinPlatz，經Ⓤ6號線Philadelphibrücke/Meidling站，往Ⓤ3、6號線Westbahnhof站。車票可在行李提領處、入境大廳、車上購買。若來回都需搭乘，在抵達機場時先買來回票比較划算。	20～30分／Schwedenplatz站（莫爾辛廣場）約20分，Westbahnhof站約45分
(快速) City Airport Train（CAT）	機場Flughafen Wien站直通市中心Wien Mitte站。乘車處位於機場地下樓層。若從市中心出發，在Wien Mitte站有CAT專用乘車處，窗口還有奧地利航空的登機手續櫃檯。	20～30分／約16分
(便宜) S-Bahn(國鐵ÖBB)	國鐵ÖBB S-Bahn7號線由Flughafen Wien站經Wien Mitte站前往Wien Nord站。乘車處位於機場地下樓層。車票在自動售票機購買。攜帶大件行李時會不太方便。	120分／Wine Hauptbahnhof站18分、25～30分/Wien Mitte站約25分、Wien Nord站約30分。
計程車	出海關後的入境大廳內有4家不同的計程車公司可到維也納市區。在行李較多及深夜抵達時十分方便。付費時記得再多加車資10%左右的小費。	隨時／20～30分

交通速見表 布拉格瓦茨拉夫·哈維爾國際機場往市中心

交通工具	特色	行駛間隔／所需時間
(便宜) 市巴士	100號線：往Ⓜ B線Zličin站、119號線：往Ⓜ A線Dejvická站、179號線：往Ⓜ B線Nové Butovice站。車票可在機場售票處、巴士乘車處的自動售票機、或直接向司機購買。依路線不同，早晨、夜間、週末的班次可能減少，要特別注意。	8～30分／Zličin站約18分、Dejvická站約24分、Nové Butovice站約45分
Airport Express	終站為Praha-Hlavní Nádraži站的快捷巴士。有經Ⓜ A線Dejvická站、Ⓜ B線Náměstí Republiky站、PRAHA-MASARYKOVO NÁDRAŽÍ站的班次。車票在車上向司機購買。	30分／35～50分
機場小巴	從機場到V Celnici街。在人數及行李較多時十分方便。車票可在入境大廳櫃台或直接向司機購買。市區乘車處（別冊MAP/P25D2）位於Ⓜ B線Náměstí Republiky旁的V Celnici街上。	約30分（7:30～19:00區間）／30分
(快速) 計程車	入境大廳內有各公司的櫃檯。只要跟工作人員說目的地，就會帶你到乘車處。也可直接搭乘航廈前的計程車，但記得注意是否為合法車輛。	隨時／25～50分

 從維也納市區到機場，基本上只是反過來，問題不大。若想搭乘火車，即使已買自由乘車券還需再加購ZONE1車票（€2.20），計程車在一般收費外還會再加€13。

維也納、布拉格從機場到市中心有好幾種交通工具可選擇。可考量人數、行李數量、預算後再決定。若深夜抵達，不管搭哪種交通工具都請特別小心。

由維也納國際機場的入境大廳開始就有鐵路（CAT）的標示

費用（單程）

€8
(去回為€13)

單程€12
（去回為€19）

單程2等車廂
€4.40～（和24小時車票等併用時為€2.20～）

到市中心約
€35～40

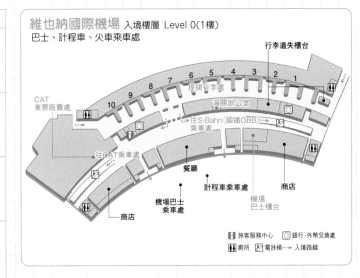

維也納國際機場 入境樓層 Level 0(1樓)
巴士、計程車、火車乘車處

行李遺失櫃台

提領行李處

海關辦公室

往S-Bahn(國鐵ÖBB)
乘車處

CAT
車票販賣處

往CAT乘車處

餐廳

機場巴士
乘車處

計程車乘車處

商店

機場
巴士櫃台

商店

🛈 旅客服務中心 　🏧 銀行‧外幣兌換處
🚻 廁所 　🔼 電扶梯 ┄► 入境路線

翻新後的維也納火車總站

費用（單程）

各32Kč（直接向司機購票時為40Kč）

到Praha-Hlvaní
Nádraží站單程
60Kč

150Kč

到市中心約
500～600Kč
（跳錶制）

其他出入境方式

●鐵路

維也納國際列車發車、停靠的車站是維也納火車總站和維也納西站、Wien Meidling站（Philadelphiabrücke）、法蘭茲約瑟夫站。所需時間為布拉格出發約4小時40分、布達佩斯出發約2小時40分、德國慕尼黑出發約4小時。布拉格國際列車發車、停靠的車站是布拉格火車總站、PRAHA-HOLEŠOVICE站、PRAHA-SMÍCHOV站等。往布達佩斯需時約6小時55分。詳情請見→P130。

●巴士

維也納在Ⓤ3號線Erdberg站附近的國際巴士總站（別冊MAP／P7C2），布拉格在Praha Florenc巴士總站（別冊MAP／P21D2）可搭乘該地發車的歐洲線。兩巴士總站皆有兩國間，及往布達佩斯等周邊各國的車班。雖說班次不多，但所需時間與鐵路差不多，費用也很便宜。詳情請見→P130。

●渡輪

維也納與布達佩斯間有國際水路航線，可搭渡輪出入境。行駛期間為6月上旬～9月底，維也納為週三、五、日發船（需時5小時30分、單程€109、來回€125）；布達佩斯為週二、四、六發船（需時6小時30分、單程€99、來回€125）。維也納碼頭位在Ⓤ1號線Vorgartenstrase站步行約8分的帝國大橋Reichsbrücke畔。布達佩斯國際航線碼頭則在伊莉沙白橋與自由橋間。詳情請洽DDSG Blue Danube URL www.ddsg-blue-danube.at。

小小資訊

若在布拉格市區想搭乘Airport Express到機場，請至布拉格火車總站的巴士站B2搭車，途中僅停靠Ⓜ A線Dejvicka站。車票在車上向司機購買。

各都市間的交通

飛機、列車、巴士等，往來2城市的交通方式十分多元。請依行程選擇適合自己的交通方式吧。

維也納&布拉格間交通方式一覽表

	前往維也納	前往布拉格
維也納出發	維也納交通的起點 **飛機** …維也納國際機場（→P129） **鐵路** …維也納火車總站（別冊MAP/P5C4） **巴士** …國際巴士總站（別冊MAP/P5D4）	**飛機** 1日3～5班 時需時1小時 金€450 ※奧地利航空 **鐵路** 1日11班 時需時4小時30分 金1等€104.40，2等€66.20、特別票價€19（早鳥票價） **巴士** 1日3班 時需時4小時 金€20
布拉格出發	**飛機** 1日4～5班 時需時1小時 金4895Kč ※奧地利航空 **鐵路** 1日8班 時需時4小時45分 金1等1827Kč，2等1218Kč **巴士** 1日8班 時需時4小時50分 金480Kč ※Student Agency公司	布拉格交通工具起點 **飛機** …布拉格瓦茨拉夫·哈維爾國際機場 （→P127） **鐵路** …布拉格火車總站（別冊MAP/P21C3） **巴士** …Praha Florenc巴士總站 （別冊MAP/P21D2）

※費用皆為2014年11月單程費率。機票票價依季節及燃油附加費會有不同。

主要交通工具

●飛機

在短期間内往返2都市最方便的交通方式。航空公司為奧地利航空（URL www.austrian.com/）。近年歐洲廉價航空有增加的趨勢。從國内僅能透過網路預約。

●鐵路

連結歐洲各都市，十分方便。穿越國境時僅需出示護照。奧地利與捷克之間，國際特快車的歐洲城市列車（EC）班次頻仍，可舒適移動。搭車前請先確認月台上的車廂排列方式，以及車廂上的電子顯示板。車票可在車站及鐵路公司網站購買。此外，往來各國時購買Rail Pass較為划算，如可無限次搭乘奧地利和捷克國鐵的歐洲鐵路奧地利-捷克共和國通行證（Eurail Austria - Czech Rep. Pass），也有可無限次搭乘5國以上國鐵的歐洲鐵路全境火車通行證（Eurail Global Pass）、東歐火車通行證（European East Pass）等。
歐洲鐵路公司：URL www.raileurope.com.tw/（有中文頁面）
奧地利國鐵（ÖBB）：URL www.oebb.at/
捷克國鐵（ČD）：URL www.cd.cz/

●巴士

可搭乘往返歐洲各國主要都市的長途巴士Eurolines（URL www.eurolines.com/）。比飛機與鐵路費用但相對較便宜。長假期間人多擁擠，記得事先預約。車票可在各都市的營業處購買或上網預約。也有可無限次搭乘歐洲27國巴士的Eurolines Pass。

鐵路巴士費用（1等）

●歐洲鐵路奧地利-捷克共和國通行證
4天内有效8160元
●東歐火車通行證
5天内有效9728元
●歐洲鐵路全境火車通行證
15天内有效22541元
※費用為2015年9月歐洲鐵路公司的票價

前往布達佩斯的交通

從維也納搭乘奧地利航空班機約50分、€303～、1日約3班。火車需時約3小時、1日9班、1等車廂€56.60～。巴士也很方便，需時約3小時、1日5班、€19最便宜。
若從布拉格前往搭火車約7小時，2等車廂1698Kč，1日6班。若搭飛機，捷克航空（URL us.csa.cz/）約1小時20分、1日3班、6965Kč～。
匈牙利國鐵（MÁV）
☎0640-494949（國內撥打）
☎361-4444499（國外撥打）
URL www.mav.hu/

小小資訊 國際列車發車及停靠的布達佩斯火車站共有東站、西站、南站3站。奧地利與捷克發車的列車會停靠東站。從兩國發車的巴士皆在Népliget長途巴士總站下車。

國內交通

奧地利與捷克的鐵路及巴士交通網十分發達。行前務必好好計劃會大大影響整趟旅行品質的國內交通方式。

奧地利國內交通

●飛機

可由維也納前往薩爾茲堡、林茲、格拉茨、茵斯布魯克、克拉根福等5城市。往來各都市間約需1小時，在天數有限的情況下，搭飛機最有效率。奧地利航空維也納往薩爾茲堡1日有3班，需時約50分。

維也納國際機場入境大廳

●鐵路

奧地利國鐵涵蓋國內所有主要城市。設備與服務都很周到，可享受舒適旅程。往薩爾茲堡及梅爾克的列車從維也納西站發車，往克雷姆斯則在北邊的維也納法蘭茲‧約瑟夫站（別冊MAP/P4B2）。1小時分別都有

國內移動十分方便

2～3班，班次十分頻繁。前往各城市所需時間及花費如下：薩爾茲堡約2小時30分～3小時、€49.90。梅爾克50分～1小時20分、€16.90。克雷姆斯約1小時5分、€17.60。座位分為1等及2等兩種。車票可在售票窗口和自動售票機購買。也可在車上購買但需支付手續費。若事先在網路訂票，記得將訂票單印下來帶去。

●巴士

中、長距離巴士網涵蓋所有地區，除了主要城市，連沒有火車站的地方小城都有車班。路線最多的是Post Bus公司（URL www.postbus.at/）。但是沒有維也納開往薩爾茲堡、多瑙河主要觀光城市的直達巴士。雖然可以轉車，不過相當花時間，因此還是建議搭乘火車。乘車處通常在車站或郵局旁邊，車票可在售票窗口或車上向司機購買。

列車種類

○Railjet（RJ）
最高級的高速長途特快列車。推薦往返維也納～薩爾茲堡時搭乘。

○ÖBB EuroCity（ÖBB EC）
往返歐洲主要城市與奧地利國內主要城市的國際特快列車。

○ÖBB InterCity（ÖBB IC）
往返國內各城市的長途列車。新型車廂十分舒適。

○Regional Express（REX）
往返地方各城市的中程快速列車。

○Regional Zug（R）
普通車，通常只有二等車廂。

捷克國內交通

●鐵路

捷克國鐵幾乎涵蓋國內所有城市。布拉格火車總站是前往其他都市及附近國家的據點。1樓有售票處及鐵路資訊服務台，2樓為有咖啡廳和商店的熱鬧車站。車票當

2011年時翻新

天在售票窗口購買即可。但櫃台人員大多不諳英語，可先將目的地、日期、張數、車廂等級、列車資訊等寫下來。也可上網預約。

●巴士

巴士網絡十分發達，班次也多十分方便。短、中程旅行時比火車更快且便宜。雖說巴士公司不少，但最受歡迎的是全車對號座的Student

Student Agency公司的巴士

Agency公司（URL www. studentagency.cz/）。這並非學生專用巴士，一般人也可搭乘，在當地人間也很受歡迎。週末往契斯基庫倫洛夫的車票常銷售一空，最好先上網預購。

小小資訊　行前必備的交通用語（順序為德語、捷克語）。時刻表：Fahrplan、Jízdní řád。單程：Einfach、Jednosměr。去回：Hin-und zurück、Zpáteční。

旅遊常識

奧地利與捷克使用的貨幣不同。外幣可隨時兌換，但不接受硬幣，要特別注意。

奧地利的貨幣資訊

奧地利的貨幣為歐洲統一貨幣歐元（€）。輔助貨幣為歐分（¢），€1=100¢。

€1＝約36.88元
（2015年9月時）

紙鈔共有7種，正面設計為歐盟各國共通，但背面則各國不同。
幾乎所有的商店和餐廳都收信用卡，但計程車、路面電車、巴士、攤販、小店則可能無法使用。
機場、主要車站、觀光客聚集的地區、飯店等都有外幣兌換處。每個地方的匯率與手續費都不同，需事先確認。匯率最好的通常是銀行。

 1¢　 2¢　 5¢

 20¢　 50¢　 €1

 €5　 €10

 €20　 €50

 €100　 €200

 10¢　 €2

 €500

捷克的貨幣資訊

捷克的貨幣單位為克朗（Kč）。輔助貨幣赫勒已於2008年8月時廢止。

€1＝27Kč
（2015年9月時）

紙幣、硬幣各有6種。
幾乎所有的商店和餐廳都收信用卡，但計程車、路面電車、巴士、攤販、小店則可能無法使用。
如需兌換外幣，布拉格機場的匯率很差，先換需要的金額就好。市區的兌換處各家匯率不同。銀行匯率較好，但手續費很貴。

 100Kč　 200Kč

 500Kč　 1000Kč

 2000Kč　 5000Kč

 1Kč　 2Kč　 5Kč　 10Kč　 20Kč　 50Kč

※捷克雖於2004年加入歐盟，但僅有一部分設施使用歐元。目前尚未有擴大使用的計畫

 注意事項　由於銀行營業時間有限，若是早晨、深夜抵達，先在機場或車站換錢比較保險。但由於機場及車站的匯率不好，先換需要的金額即可。

旅遊季節

●奧地利主要節日

1月1日	元旦
1月6日	主顯節
4月6日	復活節※
5月1日	國定假日
5月14日	基督升天日※
5月25日	聖靈降靈節※
6月4日	基督聖體節※
8月15日	聖母升天節
10月26日	國慶日
11月1日	諸聖節
12月8日	聖母無玷始胎節
12月25日	聖誕節
12月26日	聖史蒂芬日

●捷克主要節日

1月1日	元旦、恢復獨立捷克國家紀念日
4月6日	復活節星期一※
5月1日	勞動節
5月8日	解放紀念日
7月5日	東正教傳入捷克紀念日
7月6日	胡斯紀念日
9月28日	聖溫塞拉斯節
10月28日	國慶日
11月17日	自由紀念日
12月24日	平安夜
12月25日	聖誕節第一節日
12月26日	聖誕節第二節日

上述為2015年資訊。※代表每年會變動日期的浮動假日。

奧地利、捷克、布達佩斯在
11月下旬起舉辦聖誕節市集

●氣候與建議

春 3～5月	維也納：白天氣候宜人陽光溫暖，但早晚會變冷，記得帶外套。 布拉格：春天依然寒冷。請準備外套或大衣等可隨時穿脫的服裝。	**夏** 6～8月	維也納：白天有時會超過30℃，短袖即可。但還是帶件可披著的衣服。 布拉格：早晚有涼意。此時期常下雨，要記得帶雨具。
秋 9～11月	維也納：天氣好的白天穿件襯衫即可，但早晚會變冷，還是要帶件外套。 布拉格：基本上外套是必備，特別是過了11月會轉冷，一定要做好保暖準備。	**冬** 12～2月	維也納：會下雪，十分寒冷。要記得戴帽子、手套等保暖小配件。 布拉格：天寒地凍的天氣會一直持續。有時會積雪，要穿防滑靴子和大衣等，做好萬全保暖準備。

●平均氣溫與降雨量

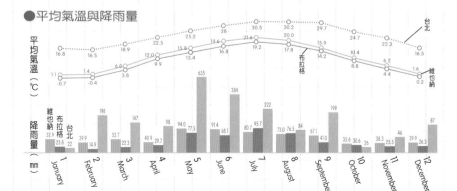

注意事項　假日及假日前後餐廳、商店、銀行可能會公休。在決定行程前需先確認。此外，在熱門活動舉辦時海內外觀光客湧入，機票會變得很難訂，費用也會變高。

133

撥打電話

●自己的行動電話撥打時…會因為機種和電信公司的資費不同，出國之前應先確認。

●公共電話撥打時…有投幣式、插卡式（電話卡）2種。因智慧型手機的普及公共電話數量減少。各種卡片可在部分郵局和街頭的Tabak（書報攤）購買。

維也納的公共電話多為電話卡式
（圖為投幣式）

●維也納及布拉格→台灣

00（國際識別號碼）→886（台灣國碼）→對方的電話號碼（拿掉最前面的0）

●維也納及布拉格市內電話（從飯店房間撥號時）

直接撥打「外線號碼－對方的電話號碼」即可。

●台灣→維也納及布拉格

電信公司的識別碼（※）→43（奧地利的國碼）420（捷克的國碼）→對方的電話號碼（拿掉最前面的0）
※各電信公司皆不同，請洽詢自己的電信業者。

網路使用

維也納

飯店會提供無線網路，只要有可使用無線網路的筆電即可上網。但收費或免費每個飯店不同，記得事先確認。中階以上的飯店在大廳通常會有電腦。舊城區的旅客服務中心有免費無線網路。部分咖啡廳和速食店也能免費使用。網咖很少。

布拉格

市區咖啡廳及速食店大多有免費無線網路。一般而言每家飯店都會提供網路，不過4、5星飯店大多為付費使用。街上也有網咖，但並無中文系統。

郵件、小包寄送

從維也納

郵票可在郵局及主要飯店等處購買。郵件流通順暢，丟進郵筒後約4、5天會送抵國內。若趕時間或週六、日、假日，直接到中央郵局（別冊MAP/P9D2）投遞較為保險。

奧地利的郵筒為黃色

維也納寄到台灣的郵資

明信片、信件

重量（kg）	費用
～0.02 kg	€1.70
0.02～0.05 kg	€2.50

小包

重量（kg）	空運	海運
～1 kg	€22.20	€18.05
1～2 kg	€31.45	€22.22

從布拉格

郵票可在郵局、主要飯店、書報攤等處購買。從布拉格寄到國內約需5～10天。 因此若趕時間可直接到郵局寄Priority（優先信件），約需4～7天。

布拉格寄到台灣的郵資

明信片、信件

重量（kg）	Priority	Economy
～0.05 kg	30Kč	25Kč

小包

重量（kg）	Priority	Economy
～1 kg	～641Kč	～508Kč

注意事項　在國外使用手機時，要記得關閉行動數據傳輸，或是申請國際漫遊服務。使用智慧型手機時，需手動選擇電信業者。直接使用可能會被收取高額費用。

飲水、廁所＆其他

●自來水可以喝嗎？

雖說2都市的自來水基本上算是安全，但有些時候還是會因水土不服造成身體不適。喝礦泉水比較保險。在維也納，氣泡水為「Mit Kohlensäure」，一般礦泉水為「Ohne Kohlensäure」。布拉格稱氣泡水為「sycená」或「per livá」，一般礦泉水為「neperlivá」。

一般來說粉紅色瓶蓋為氣泡水，藍色為一般礦泉水

●想上廁所怎麼辦？

在維也納，車站及轉運站的公共廁所基本上都會收費。有些是付給門口的收費員，有些則是投幣通過閘門，有各種方式。不管哪種都是€0.5～1左右。布拉格的公共廁所也幾乎都要收費。需支付約5～20Kč給收費員。餐廳、美術館、購物中心則大多為免費。用過的衛生紙直接沖進馬桶即可。

維也納的關門式公共廁所

●插頭和變壓器是必需品

2國電壓皆為220V，周波數為50Hz。若使用國內的電器產品基本上都需要變壓器。插座形狀主要是C及SE型。

C型

SE型

●營業時間

餐廳
維也納…時11時30分～23時
布拉格…時10～23時
商店
維也納…時9～18時
布拉格…時10～20時（也有許多週末營業）
銀行
維也納…時8～15時（週四～17時30分）
布拉格…時9～17時（或8～16時）
※週六日、假日多為上午休息、公休。

●購物時的尺寸、度量衡

○女裝

台灣	服飾	7	9	11	13	15	17	19	鞋	22.5	23	23.5	24	24.5	25
歐洲		36	38	40	42	44	46	48		36		37		38	

○男裝

台灣	服飾	S	M	L	LL	鞋	24	24.5	25	25.5	26	27
歐洲		44/46	48/50	52/54	56/58		38	39	40	41	42	43

※以上的尺寸僅供參考，會因製造廠商而有不同，請留意。

●物價水準

礦泉水（500㎖）	麥當勞漢堡	星巴克咖啡	生啤酒（1杯）	計程車起跳價
€0.55 20Kč	€1 20Kč	€3.50 40Kč	€3 30Kč	€3.80 40Kč

注意事項 跳錶制的計程車需支付小費。若司機確實載到目的地，就給車資約10%的小費。

規矩&禮儀

〔觀光〕

●禁菸、可吸菸、禁菸區

公共建築、交通工具內（包含車站、停靠站、機場）、醫院內基本上都禁止吸菸。咖啡廳與餐廳的露天座位可吸菸，室內則禁菸或劃有吸菸區（奧地利的貼紙告示牌。紅色為禁菸，綠色為可吸菸）。

同樣貼兩種表示有設吸菸區

●攝影禮儀

美術館與博物館大多禁止攝影，或是雖開放攝影但禁止使用閃光燈或腳架。雖說是常識，但還是提醒不要用手觸碰作品。

●教堂禮儀

教堂雖說是觀光景點，但本質還是舉行彌撒及婚喪喜慶的莊嚴場所，請勿穿著暴露的服裝。此外，儘量避免在週日早晚等舉行彌撒的時間前往參觀。即使開放免費參觀的教堂，最好在教堂內的奉獻箱投點錢表示心意。

●注意樓層標示

地面樓層不稱為1樓而是地上樓（電梯等處顯示為0），從地上樓往上算才是1F、2F。地下樓層也多是以-1、-2等負數標示。

〔用餐〕

●餐廳結帳

一般都是在桌邊結帳。現金支付時，就直接加上小費交給工作人員；信用卡支付時，則在小費欄寫上小費金額。小費基準約為10%（不滿€1則補滿）。
※有些高級餐廳會收取開桌費

●注意著裝規定

如飯店內的高級餐廳等，部分店家會有著裝規定。一般而言女性需穿著洋裝或套裝，男性則需繫領帶、著西裝外套等。

●入座

進入餐廳後不要擅自入座，請等候侍應生帶位。由於每桌都有固定的侍應生負責，請記得點餐時的侍應生面孔。

〔購物〕

●退加值稅

商品價格包含VAT（加值稅／奧地利10、20%、捷克15、21%），住在歐盟圈外的旅客，只要同一天在同一家店購物超過€75.01（捷克為2001Kč以上）就可免VAT稅。辦理規定手續後即可退回購買金額最高13%（捷克為最多14%）的稅金。但必須為個人使用商品，出境前不可拆封。海關免稅印章僅能在購買日期起120週內獲得。免稅手續如下。各國手續不同，需特別留意。

在商店

①請購物的商店提供免稅表格（Tax Free Form）。在免稅表格填上必填項目後，收下表格與信封。

在維也納國際機場

●托運行李內有免稅商品時
①在機場辦理登機後，取回行李，到317、318號退稅海關櫃台或195、196號櫃台在文件上蓋章後，托運行李。
②在機場退稅櫃檯出示文件，領取退稅金額。

●隨身行李內有免稅商品時
①辦理登機手續後，通過出境審查，在海關櫃台出示免稅品和免稅文件後，請海關蓋章。
②在機場退稅櫃檯出示文件，領取退稅金額。

在布拉格瓦茨拉夫·哈維爾國際機場

①機場辦理登機手續（提供退稅手續的僅非申根公約國出境的第1航廈）。將免稅商品放進隨身行李，通過出境審查後前往海關，出示免稅文件、護照、機票及免稅品，請海關蓋章。
②在登機區有「Tax Free Refunds」告示牌的外幣兌換處領取現金。
※若在歐盟圈轉機，退稅要在最後一個歐盟國的機場辦理。詳情請見環球藍聯 URL www.global-blue.com/（英語）

〔飯店〕

●別忘了給小費

若飯店工作人員幫忙搬運行李，一件€1（20Kč），若櫃台幫忙預約音樂會門票或餐廳，或叫客房服務時也給同額小費。

小小資訊　進入店裡時先打招呼是歐洲人基本的禮貌。想拿取商品或試穿時，需先知會店員得到許可。若沒有想要的商品，也記得先跟店員說聲「謝謝。再見。」再離開。

突發狀況應對方式

雖說是歐洲各國中治安相對良好的地方，但仍有許多針對觀光客下手的竊盜案件。不論早晚，盡量避開人煙稀少的地方，且時時注意四周。

●生病時

只要覺得身體不適，不要猶豫立刻去醫院。可請飯店櫃台幫忙找醫生，或聯絡參加的旅行團、投保的保險公司當地辦事處，就會介紹合作的醫院。國外的藥品有些並不適合國人體質，因此可自備慣用的藥品。

●遭竊時

○護照
向警方報案並取得失竊、遺失證明書。之後到辦事處辦理護照掛失手續，取得新護照或回國用的歸國文件。
○信用卡
為了防止被盜刷，先向信用卡公司聯繫掛失卡片。之後依照信用卡公司的指示。

●突發狀況範例

○在地鐵被數名當地人包圍，趁下車開門時從背後一湧而上，偷走包包內的貴重物品
⇒避免在人多擁擠時搭車，包包放在前面。貴重物品不要放在太明顯的地方。

○在飯店吃早餐時，因為是自助式，所以把包包放座位去取餐，回座時包包就不見了。
⇒不要因為是在飯店就大意，包包一定要隨時帶在身邊。

○被路人叫住說「換錢」、「古柯鹼」等，之後被身穿警察制服的人攔下，說要檢查包包，結果現金與信用卡就被搶走了。
⇒若有警察打扮的人說要檢查隨身物品，一定要強硬要求對方出示身份證名。但若情況變得危險，不要做無謂抵抗，保護自身安全不受傷才是最重要的。

出發前check

可上外交部領事事務局網站的旅外安全資訊頁面，確認當地治安狀況和旅遊警示分級。
URL www.boca.gov.tw/

旅行便利貼

〔 奧地利 〕

●駐奧地利台北經濟文化辦事處
住 Wagramer Straße 19/11. OG ☎01-2124720
※急難救助電話：06643450455
時 9～17時（領務辦公時間9～12時）
休 週六日、休館日
別冊MAP●P5D2
●警察 ☎133
●救護車 ☎144
●消防 ☎122
●奧地利航空 ☎05-1766-1000

〔 捷克 〕

●駐捷克台北經濟文化辦事處
住 Evropská 2590/33c ☎233-320-606
※急難救助電話：603-166-707
時 9時30分～11時30分、13時30分～16時30分
休 週六日、休館日
●警察 ☎158
●救護車 ☎155
●消防車 ☎150
●奧地利航空 ☎227-231-231
●捷克航空 ☎239-007-007

〔 台灣 〕

●奧地利台北辦事處 ☎02-8175-3283
●奧地利國家旅遊局
URL www.aodili.info/
●捷克經濟文化辦事處 ☎02-2722-5100
●捷克旅遊局
URL www.czechtourism.com/
●主要機場
桃園國際機場
☎03-398-3728
URL www.taoyuan-airport.com/
高雄國際航空站
☎07-805-7631
URL www.kia.gov.tw/
●信用卡公司緊急連絡電話
Visa全球緊急服務中心
☎0800-169-5189
（免費求助電話 / 24小時服務）
JCB卡
☎00-800-3865-5486（免費服務熱線）
美國運通卡
☎886-2-2100-1266（免費服務熱線）
萬事達卡
☎1-800-55-7378（免費服務電話）

●旅外國人急難救助全球免付費專線
☎00-800-0885-0885（直播）

簡單列出 行前準備memo

首先參考旅遊季節（→P133），決定服裝和攜帶物品。
出發前可利用memo欄做好行前準備，
若有時間，也可先想想要給誰買哪些伴手禮。

託運行李list

☐ 鞋
　除了好穿易走的平底鞋外，再準備
　一雙外出鞋會更方便
☐ 包包
　早餐和晚餐時可放錢包和手機的小
　包包，能隨身攜帶的大小即可
☐ 衣服
　選擇方便洋蔥式穿法、不容易皺的
材質
☐ 貼身衣物
　準備3套左右，在當地可清洗替
　換。也別忘了襪子

☐- - - - - - - - -

☐- - - - - - - - -

☐- - - - - - - - -

☐ 牙刷組
　有不少飯店並不提供牙刷、牙膏等用
　品
☐ 洗臉用品
　卸妝、洗面乳等
☐ 化妝品
　粉底、口紅、眼影、腮紅、眼線筆等
☐ 防曬用品
　日照強烈的夏天請準備SPF係數較高
　的產品
☐ 沐浴用品
　沐浴乳等清潔用品飯店都有，若無特
　殊需求就不用多準備

☐ 拖鞋
　帶可折疊的旅行用拖鞋或用過即丟的
　拖鞋比較方便
☐ 常備藥
　止瀉、腹痛、綜合感冒藥等，有漱口
　水更好
☐ 生理用品
☐ 轉換插頭、充電器、充電電池
　攜帶有內建變壓功能的國際規格機種，
　或是另外帶變壓器
☐ 環保袋
　可折疊的袖珍型最方便
☐ 折傘
　若遇雨季也可攜帶雨衣
☐ 太陽眼鏡
☐ 帽子

有洗滌用品、折疊式衣架的
話會更方便。若預定要去熟
食店或超市購買食材的話，
也別忘了攜帶自用筷或免洗
叉子

！注意！
帶上機內的免費寄放行李，
會有重量和尺寸的限制，依
航空公司會有不同規定，出
發前請事先確認限制細節。
另外，託運的行李有時在搬
運過程中會出現破損，為防
萬一，請記得將行李箱綁上
行李帶

除了環保袋外，再多準
備幾個塑膠袋，可用來
裝濕衣服或購買液體物
品時使用

可善用分裝袋或保存
用的小袋子，將行李
整齊分類，或是用包
巾打包衣物

建議將較重的物品
（鞋子、沐浴用品
等）放置於行李箱
底部

SOAP

138

便利memo

機內要填寫入境單或申報單時就能派上用場

護照號碼 （　　　　　　　　　　　）　　飯店 （　　　　　　　　　　　）
去程班機號碼 （　　　　　　　　　）　　出發日 （　　　　　　　　　　）
回程班機號碼 （　　　　　　　　　）　　回國日 （　　　　　　　　　　）

手提行李list

□護照
　　絕對不可忘記！ 出發前再確認一次
□信用卡
□現金
　　除了要在當地兌換的金額外，也別忘了國內要使
　　用的交通費
□數位相機
　　電池、記憶卡最好再多準備一組
□手機
　　若手機有計算機功能，即可代替計算機
□原子筆
　　填寫出入境卡和海關申報單時會用到
□旅行團行程表（機票／電子機票）
□面紙
□手帕
□護唇膏
□圍巾／口罩（有需要的人）
　　機艙內空氣乾燥，可帶口罩防護

手提行李注意事項

液體類的東西若要帶上機艙會有相關限制（→P126）。
髮膠等噴霧類、護唇膏等膠狀物也包含在液體物品
內，請特別注意。此外，刀刃類物品禁止帶上機艙，
建議將機艙內不會用到的東西全放在行李箱託運。

推薦攜帶不需手
拿、可背在肩上
的包款

伴手禮list

送禮對象	禮物	預算

旅遊資訊 行前準備 memo

Index

觀光景點

□想去的地方打個 ✓　■去過的地方塗黑

觀光景點

美食

購物

索引

名稱	類型	區域	頁碼	別冊MAP
☐Schwäbischen Jungfrau	布料	聖史蒂芬大教堂周邊	P73	P8B2
☐Steffl	百貨公司	克爾特納大街	P74	P8B3
☐Spar	超級市場	環城大道周邊	P79	P10B1
☐Schokothek	巧克力	瑪麗亞希爾費大街	P76	P4B4
☐施華洛世奇	飾品	克爾特納大街	P33、74	P8B4
☐Thalia	書、雜貨	瑪麗亞希爾費大街	P76	P4B4
☐Thomas Sabo	飾品	克爾特納大街	P33、75	P8B3
☐Haas & Haas	紅茶	聖史蒂芬大教堂周邊	P81	P9C2
☐Billa	超級市場	聖史蒂芬大教堂周邊	P79	P9C3
☐Humanic	鞋	克爾特納大街	P80	P10B1
☐Frey Wille	飾品	聖史蒂芬大教堂周邊	P81	P8B4
☐Burggasse 21	飾品	MQ周邊	P81	P6A3
☐Berndorf	餐具	聖史蒂芬大教堂周邊	P73	P9C2
☐Porta Dextra	食品	聖史蒂芬大教堂周邊	P79	P9C1
☐Maria Stransky	斜針繡	皇宮周邊	P73	P8A3
☐Manner	零食	聖史蒂芬大教堂周邊	P81	P9C2
☐Mühlbauer	帽子	克爾特納大街	P75	P8B3
☐Bipa	藥局	克爾特納大街	P74	P8B3
☐Leiner	家居用品	瑪麗亞希爾費大街	P77	P13A3
☐Ringstrassen Galerien	購物中心	克爾特納大街	P80	P10B1
☐Replicart	博物館商品	MQ周邊	P81	P10A1
☐Loden Plankl	民族服飾	聖史蒂芬大教堂周邊	P80	P8A3
☐Lobmeyr	玻璃	克爾特納大街	P73	P8B4
☐Julius Meinl	超級市場	皇宮周邊	P33、78	P8B2
☐Waltz	伴手禮	MQ周邊	P81	P10B2
☐Wein & Co	葡萄酒	聖史蒂芬大教堂周邊	P81	P8B2

名稱	類型	區域	頁碼	別冊MAP
☐大教堂	大教堂	薩爾茲堡	P85	本書P87
☐大教堂區&主教官邸	博物館	薩爾茲堡	P86	本書P87
☐布達佩斯美術館	美術館	布達佩斯	P92	本書P90
☐布達皇宮	宮殿	布達佩斯	P91	本書P90
☐米拉貝爾宮	宮殿	薩爾茲堡	P85	本書P87
☐克雷姆斯	城鎮	多瑙河（瓦豪河谷）	P89	本書P89
☐杜倫斯坦	城鎮	多瑙河（瓦豪河谷）	P89	本書P89
☐城堡山	景點	布達佩斯	P91	本書P90
☐英雄廣場	廣場	布達佩斯	P92	本書P90
☐馬提亞斯教堂	教堂	布達佩斯	P91	本書P90
☐梅爾克	城鎮	多瑙河（瓦豪河谷）	P88	本書P87
☐莫札特出生地	景點	薩爾茲堡	P85	本書P87
☐莫札特故居	景點	薩爾茲堡	P85	本書P87
☐莫札特廣場	廣場	薩爾茲堡	P86	本書P87
☐聖三一教堂	教堂	薩爾茲堡	P87	本書P87
☐聖伊什特萬聖殿	大教堂	布達佩斯	P91	本書P90
☐聖彼得主教修道院	教堂	薩爾茲堡	P86	本書P87
☐漁夫堡	景點	布達佩斯	P91	本書P90
☐蒙徹斯山	景點	薩爾茲堡	P87	本書P87
☐蓋特萊德街	街道	薩爾茲堡	P86	本書P87
☐蓋勒特丘陵	景點	布達佩斯	P92	本書P90
☐薩爾茲堡城堡	城堡	薩爾茲堡	P84	本書P87
☐鎖鏈橋	景點	布達佩斯	P91	本書P90

●布拉格

名稱	類型	區域	頁碼	別冊MAP
☐火藥塔	塔	舊城區	P105	P25C2
☐卡夫卡的出生地	紀念館	舊城區	P106	P24B2
☐卡夫卡博物館	博物館	小城區	P107	P23D2
☐史坦堡宮	宮殿	布拉格城堡周邊	P104	P22B2
☐史麥塔納博物館	博物館	舊城區	P106	P24A2
☐市民會館	會館	舊城區	P101	P25C2
☐布拉格城堡	城堡	布拉格城堡周邊	P96	P23C2
☐瓦茨拉夫廣場	大街	新城區	P102	P25C3
☐石鐘屋	景點	舊城區	P99	P24B2
☐伯利恆禮拜堂	禮拜堂	舊城區	P105	P24B3
☐克萊門特學院	圖書館	舊城區	P106	P24B2
☐貝維德宮	宮殿	布拉格城堡周邊	P104	P23C1
☐兒童戲偶劇場	劇場	新城區	P102	P24B4
☐玩具博物館	博物館	布拉格城堡周邊	P105	P23C1
☐金斯基宮	宮殿	舊城區	P105	P24B2
☐城邦劇院	劇場	舊城區	P105	P25C2
☐查理大橋	橋	舊城區	P98	P24A2
☐洛克維茲宮	宮殿	布拉格城堡周邊	P104	P23C1
☐皇家花園	庭園	布拉格城堡周邊	P104	P23C1
☐國家木偶劇院	劇場	舊城區	P107	P24B2
☐國家博物館	博物館	新城區	P102	P25C4
☐國家歌劇院	劇場	新城區	P106	P25D4

☐想去的地方打個 ✓　■去過的地方塗黑